HARUNOBU

KORIUSAÏ SHUNSHO

OUVRAGE TIRÉ A 100 EXEMPLAIRES

Exemplaire N°

HARUNOBU
KORIUSAÏ SHUNSHO

ESTAMPES JAPONAISES

TIRÉES DES COLLECTIONS DE :

MM. Bing, Bouassé-Lebel, Bullier, Comte de Camondo, Mme E. Chausson, Chialiva
R. Collin, Cosson, M. & Mme Curtis, Deligand, J. Doucet, Ducoté
Mme Girod, Haviland, Hubert, Isaac, Jacquin, R. Kœchlin, Mme Langweil, Le Véel, Manzi
Marquet de Vasselot, Marteau, Migeon, G. Moreau, Mutiaux
Peytel, Portier, du Pré de Saint-Maur, Mme Raoul-Duval, H. Rivière
A. Rouart, Ch. Salomon, H. Vever, Vignier

ET EXPOSÉES
AU MUSÉE DES ARTS DÉCORATIFS
EN JANVIER 1910

CATALOGUE DRESSÉ PAR M. VIGNIER
AVEC LA COLLABORATION DE M. INADA

PARIS
DES ATELIERS PHOTO-MÉCANIQUES D.-A. LONGUET

EN VENTE
BIBLIOTHÈQUE D'ART ET D'ARCHÉOLOGIE
19, Rue Spontini, 19

HARUNOBU
KORIUSAÏ SHUNSHO

L'exposition d'estampes japonaises organisée au musée des Arts décoratifs en janvier et février 1910 formait la suite de celle de 1909. Aux *Primitifs* que l'on avait montrés d'abord, à ces maîtres puissants, créateurs de l'art de l'estampe au Japon, qui l'avaient amenée du rude bariolage au pinceau des anciens Torii jusqu'aux raffinements de l'impression en trois couleurs d'un Okumura Masanobu, succédait naturellement le premier des classiques, Harunobu. Avec lui, c'est une ère nouvelle qui s'ouvre; non seulement son style, si parfaitement libre et d'une grâce si personnelle, rompait nettement avec celui de ses prédécesseurs, toujours un peu archaïsant, mais la technique de la gravure elle-même se perfectionnait, et les graveurs s'ingéniaient à multiplier les planches pour le tirage de ses œuvres, taillant jusqu'à six ou huit bois qu'ils mettaient en couleurs et repéraient avec une habileté jusqu'alors inconnue. Harunobu est, parmi les dessinateurs et peintres d'estampes, l'un des plus aimés des collectionneurs et les amateurs parisiens avaient envoyé au Pavillon de Marsan assez de ses œuvres pour qu'à elles seules elles eussent pu constituer une exposition : il y en avait près de trois cents; mais les organisateurs crurent devoir rapprocher du maître son condisciple et contemporain Koriusaï et, en manière de contraste, ils leur adjoignirent ceux des artistes du groupe des Katsukawa, Shunsho et ses élèves, qui s'étaient spécialisés dans les portraits d'acteurs. Notre catalogue présente le même groupement; on y trouvera décrites toutes les pièces qui ont paru à l'exposition, et reproduites les plus caractéristiques d'entre elles suivant la méthode et les procédés employés au *Catalogue des Primitifs;* mais il a semblé bon d'ajouter quelques planches en couleur, afin de donner, au milieu des planches en noir, comme l'échelle des tons. Nous espérons que les amateurs nous sauront gré de cette innovation.

Il en est une autre que quelques-uns ont souhaitée et à laquelle nous n'avons eu garde de nous refuser, à savoir de développer les notices consacrées aux artistes dont nous reproduisions les ouvrages. Nous avions estimé l'an dernier qu'un album aussi complet que possible ferait connaître et comprendre l'art des dessinateurs d'estampes mieux que de longs commentaires; nous avions donc réduit ceux-ci au minimum et supprimé toutes notes biographiques; mais si nous pensons encore que ce sont les œuvres qui importent avant tout et que, dans l'ignorance où nous ont laissés les écrivains japonais de tant de détails que nous aimerions à connaître sur des maîtres qui nous sont chers, seules leurs estampes parlent pour eux et portent témoignage en faveur de leur art, nous n'en avons pas moins réuni dans une introduction tous les renseignements que nous avons pu recueillir sur leur vie. C'est peu de chose, nous l'avouons, et il y aurait mauvaise grâce à ne pas reconnaître que la plupart des problèmes qu'on rencontre à propos de leurs ouvrages demeurent insolubles; peut-être ces quelques notices intéresseront-elles pourtant certains collectionneurs et y trouveront-ils matière à des observations dont ils ne s'étaient pas avisés jusqu'ici, préoccupés beaucoup plus, comme le sont avec raison les japonisants parisiens, de réunir des pièces de choix et de jouir de leur beauté, que d'établir l'histoire scientifique et documentaire de la gravure japonaise.

HARUNOBU[1]

Harunobu s'appelait de son vrai nom Jihei Hozumi; on dit qu'il porta parfois aussi celui de Chôyeiken, mais la postérité ne le connaît que comme Suzuki Harunobu. Il était né à Yédo vers la fin du premier quart du XVIIIe siècle

1. Le Dr Kurth lui a consacré un volume (Munich, 1910, in-8°) dont nous nous sommes servis; nous avons utilisé aussi les renseignements donnés au t. III des *Masterpieces selected from the Ukiyoyé school* (Tokio, 1908, in-4°). A propos de cette exposition, M. Louis Aubert a donné un ingénieux article à la *Revue de Paris* du 15 février 1910, *Harunobu et Toulouse-Lautrec* (une partie de l'œuvre gravé de cet artiste était exposé au Pavillon de Marsan en même temps que celui du peintre japonais) et l'on trouvera une bonne étude de M. P.-A. Lemoisne dans la *Gazette des Beaux-Arts* de mars 1910. On consultera encore le chapitre de M. de Seidlitz dans *Geschichte des Japanischen Farbenholzschnitts* (Dresde, 1897, in-8°). E. de Goncourt projeta d'écrire un livre sur *Harunobu*, mais il n'en a pas eu le temps.

et continua d'y habiter, dans une petite maison des vieux quartiers, près de la rivière, marié, père d'un enfant qui, sous le nom de Harushighé, devait continuer les traditions paternelles; il mourut dans sa ville natale le 15e jour du 6e mois de la 7e année de Meiwa, soit en 1770. Harunobu fut un bon peintre de l'ukiyoyé et les collections japonaises contiennent, dit-on, des ouvrages remarquables sortis de son pinceau, mais il ne semble pas qu'il en soit venu d'authentiques en Europe et c'est seulement comme peintre ayant travaillé pour la gravure que nous pouvons l'apprécier. Il fit son éducation sous Nishimura Shighénaga et sans doute commença-t-il par travailler dans la manière de cet artiste, mais le fait est assez difficile à vérifier, car les estampes de Shighénaga demeurent assez rares et celles de son élève à ses débuts ne le sont guère moins; notre exposition en avait réuni pourtant une vingtaine, tirées à la manière des primitifs, en deux et trois couleurs, l'une d'elles portant une date qu'on croit pouvoir lire 1753 (n° 1), tandis que sur une autre le millésime correspondant à 1761 a été ajouté à la main (n° 15). Quelques-unes de ces pièces ne manquent pas de style, toutefois la personnalité de l'artiste n'y semble pas encore bien marquée; il y traite les sujets à la mode dans les ateliers, scènes légendaires, portraits d'acteurs, tableaux de la vie des courtisanes, et peut-être y doit-on même noter une certaine dose d'archaïsme assez particulière et la persistance chez lui de certains types qui surprennent au milieu du XVIIIe siècle. Seulement, tandis que les Toyonobu, les Kiyohiro ou les Kiyomitsu, ses quasi-contemporains ou ses cadets, s'attardaient dans les vieux procédés et les prolongeaient jusque vers la fin du siècle (Toyonobu, 1711-1785; Kiyomitsu, 1735-1785), Harunobu soudain transformait son style et devenait le peintre original qui devait rénover l'estampe japonaise.

C'est vers 1764 ou 1765 que la transformation se produisit et elle fut si complète que Harunobu ne tardait pas à oublier lui-même l'art de ses débuts, déclarant fièrement qu'il ne s'était jamais abaissé à représenter des acteurs : « Je suis un peintre japonais, disait-il, et ne me commets pas à figurer ces gens de rien[1]. » Le public, charmé des nouveautés qu'il apportait, le suivit volontiers; ses clients étaient sans doute d'assez petits amateurs, car l'estampe demeurait un objet populaire et on la vendait d'ordinaire dans les rues[2], mais ces amateurs n'en avaient pas moins leur goût très marqué, et dès 1767 un certain Néboku Bunshu pouvait déclarer dans un « Recueil de Prose et de Vers » qu'« en matière d'impression d'estampes tout était changé dans la capitale de l'Est; les feuilles enluminées de tons rouges ne trouvaient plus preneur », et il s'étonnait que « les artistes de l'école des Torii n'imitassent pas Harunobu, qui représentait toutes sortes d'hommes et de femmes de façon si élégante ». En effet, la révolution était complète : plus de scènes de théâtre, mais bien la représentation de la vie quotidienne, de la vie des femmes et des enfants surtout, dans sa plus aimable intimité; c'étaient leurs occupations journalières, à leur toilette, dans leur maison, dans leur jardin, et on les voyait tantôt seules et songeuses, tantôt imaginant en compagnie d'amies de coquets petits jeux, souvent aussi s'oubliant à côté de l'amoureux discret[3]; leur type même avait changé et au lieu de la matrone un peu lourde d'autrefois, drapée dans les vastes plis de ses amples robes superposées, la petite femme vraie était apparue, un peu courte, un peu menue, habillée d'étoffes souples et parfois transparentes. Même quand il s'agissait de ces scènes légendaires qui forment le fond de la tradition populaire du Japon et à qui le peintre le plus épris de vie réelle ne saurait ne pas faire leur place, une spirituelle transposition intervenait et de gentilles petites personnes tenaient lieu des vieillards ou des sages un peu rébarbatifs. Le format de l'estampe était lui-même modifié : Harunobu employait de préférence une petite feuille carrée (chuban) où la composition se groupait plus à l'aise que sur les longs hosoyés d'autrefois. Quelque chose disparaissait de la grandeur des primitifs[4], mais la grâce la remplaçait et cette élégance à qui les contemporains déjà rendaient justice. Et la transformation des procédés de gravure et d'impression suivait celle du style. Ce sont les graveurs et les imprimeurs à qui Harunobu fournissait les dessins qui, les premiers, augmentèrent le nombre des blocs et, au lieu des trois couleurs dont s'était contenté un Okumura Masanobu, en utilisèrent jusqu'à six et huit pour le tirage de l'estampe; quel fut le rôle personnel de Harunobu dans ce perfectionnement et jusqu'à quel point dirigeait-il les excellents ouvriers à qui il confiait ses modèles? Nous l'ignorons, mais le progrès d'une technique amenée à sa perfection qui distingue ses estampes ne fut

1. M. Kurth a reproduit plusieurs estampes de la jeunesse de Harunobu représentant des acteurs; nous en donnons une de son âge mûr (n° 128 *bis*), qui se rapproche étrangement de Shunsho.

2. Préface du *Yehon Haru no Nishiki*, traduite par Kurth, p. 33.

3. Harunobu a publié divers recueils de gravures érotiques, mais il est rare que celles de ses estampes qui ne prétendent pas à ce caractère ne soient pas, de dessin au moins, sinon toujours d'intention, de la plus parfaite chasteté.

4. Harunobu sait d'ailleurs la retrouver dans ses longues feuilles dites hashirakaké et, à la grâce qui lui est propre, il y joint une singulière puissance; mais il faut le reconnaître, ce n'est pas sa qualité habituelle, surtout dans ses petites estampes carrées.

assurément pas inutile à leur succès ; on les appelait « images de brocart », tant l'aspect soyeux et chatoyant[1] en charmait les amateurs et pour nous encore la beauté du tirage entre pour beaucoup dans le prix des feuilles de Harunobu.

Les estampes véritablement parfaites n'étaient pas rares à l'exposition du Pavillon de Marsan et dans aucune collection publique ni privée, hors de France, nous n'en avons vu qui les surpassât. Il est donc permis de croire que nous possédons la fleur de son œuvre. Mais si nous en pouvons jouir à l'aise, pour peu que l'on prétende approfondir ses impressions et essayer d'une classification logique des pièces qui nous sont parvenues, la besogne, il faut l'avouer, apparaît singulièrement difficile. S'il est vrai, comme on le dit, que c'est vers 1764 ou 1765 que furent publiées les premières « images de brocart » sous forme de calendriers, une première difficulté se présente : Harunobu étant mort en 1770, il n'aurait travaillé que six ans au plus dans la manière qui lui est propre, car il n'y a pas à tenir compte de ses premiers travaux dans le style de ses prédécesseurs. Or, comment admettre qu'en ce court espace de temps il ait produit toutes les pièces qui portent la marque de son talent ? Nous en avions réuni près de trois cents dans notre exposition, mais les collections parisiennes en renferment bien davantage ; on trouverait certainement beaucoup plus de mille pièces diverses dans les portefeuilles qui nous ont été ouverts à Paris et nous en avons rencontré dans les collections étrangères un grand nombre que nous ne connaissions pas. Quelque rapide que puisse être l'exécution d'un dessin préparé pour la gravure et son enluminure, il ne faudrait pourtant pas prêter à Harunobu une fécondité surhumaine.

Nous savons, il est vrai, que Harunobu a été beaucoup contrefait, et un au moins de ses plagiaires s'est dénoncé lui-même. En 1818 mourait, âgé de 72 ans, un peintre nommé Shiba Kokan ; c'était, semble-t-il, un personnage doué d'une extrême facilité à s'assimiler la manière de ses confrères et il avait été le premier à imiter au Japon les gravures sur cuivre que les Hollandais y avaient fait connaître. Or, dans ses souvenirs, publiés longtemps après sa mort, se lit le passage suivant : « A ce moment le maître de l'ukiyoyé Suzuki Harunobu excellait à peindre la vie des dames ses contemporaines ; mais à peine avait-il dépassé la quarantaine qu'une maladie l'emporta. Alors je me mis à dessiner des compositions tout à fait analogues que je fis graver et imprimer, et je l'imitai si bien que le public me prit pour Harunobu. J'ai péché contre lui alors et mon cœur en est aujourd'hui profondément contrit ! Parfois j'ai peint les jolies femmes de mon pays à la manière des peintres chinois Kyuyei[2], Shushin[3] et autres ; sur des feuilles qui figuraient les mois d'été je représentais d'après des modèles chinois la transparence des gazes qui laissaient apercevoir les corps nus ; pour les mois d'hiver, c'était un bois de bambous et une hutte de roseaux avec une lanterne de pierre dans le jardin, le tout couvert de neige, et je prenais du papier mince de manière à marquer les contours en relief, comme ont fait les Chinois. C'était le temps où les femmes se mettaient dans les cheveux peignes et épingles et adoptaient une mode nouvelle pour leur coiffure ; je n'eus garde de le négliger et le public se plut beaucoup à mes estampes. Je craignis alors qu'elles ne fissent oublier mon nom, et bientôt, et pour toujours, je renonçai à ces imitations ». La confession est fort explicite, et s'il n'y a peut-être pas lieu d'admettre, comme on l'a fait, que toutes les feuilles dans le style chinois, toutes celles où le corps d'une femme apparaît en transparence sous son vêtement léger et toutes celles où la neige est figurée en relief avec des bambous, soient nécessairement des contrefaçons de Shiba Kokan, il n'en demeure pas moins qu'il a contrefait les feuilles du maître et que les contemporains s'y trompaient. S'ils s'y laissaient prendre, comment les distinguerions-nous ?

Shiba Kokan était un faussaire avéré, mais n'est-il pas vraisemblable que d'autres pastichèrent Harunobu, qui ne s'en vantèrent pas ? Nous croirions volontiers que la faveur dont il jouit entraîna beaucoup d'imitations et même quelques-unes ne doivent pas être fort anciennes. Il n'y avait pas d'ailleurs que ces faussaires pour contrefaire les ouvrages de Harunobu ; beaucoup d'estampes qu'au premier coup d'œil on n'hésiterait pas à lui attribuer portent des signatures diverses et plusieurs sont assurément celles d'élèves qui travaillèrent avec lui. On connaît Harushighé, qui était son fils, Minko, que Hayashi nous apprend être venu d'Osaka à Yédo en 1760, Chochoken, qui semble s'être spécialisé dans le style chinois, Masunobu, Yoshinobu ; Yendo Goyen, Sékiné Kakei, Shibo, Kogan, Takahashi Rosen ont été cités déjà par M. Kurth et nous avons exposé des pièces qui portent leurs noms ; nous avons rencontré

1. Quelques-unes ont été tirées sur satin (nº 151), d'autres sur crépon.
2. Prononciation japonaise du nom du peintre chinois K'iéou-Ying.
3. Prononciation japonaise du nom du peintre chinois Tchéou Tch'en.

aussi ceux de Giho, de Oyuanshu Kiyu, de Komatsu, de Kwakushi, de Nenro, de Ran u, de Risen, de Rokio, de Shizen, mais qu'était-ce que tous ces artistes et qu'était surtout ce Kiosen dont la signature revient assez souvent? Rien ne semble plus difficile que de le débrouiller. Hayashi estimait que, dans certaines de ces signatures inconnues, il fallait voir simplement des noms de pinceau de Harunobu; pour lui, Kiosen aurait été un pseudonyme du maître; mais M. Kurth affirme avoir vu une estampe signée de Harunobu, dont le nom était accompagné de celui de Kiosen, graveur [1], ce qui infirmerait cette théorie. Il considère, au contraire, que Kiosen a dû être un chef d'entreprise de gravure à qui Harunobu aurait donné sa confiance au plus beau moment de sa carrière — beaucoup de pièces portant le nom de Kiosen sont datées de 1765 — et la plupart des noms d'artistes rencontrés sur ces estampes seraient ceux des graveurs ses collaborateurs. Pour plusieurs, en effet, il semble bien qu'ils n'ont été que des graveurs et leur signature est toujours suivie du signe *ko* qu'on interprète comme signifiant *gravé par;* c'est ainsi que Takahashi Rosen nous apparaît cinq fois comme graveur; mais Ran u et Komatsu ne nous sont connus, eux, que comme dessinateurs; quant à Kiosen, le personnage important de la bande, son nom figure suivi du signe *ko* sur beaucoup de belles estampes, mais une autre (n° 41) nous le montre évidemment peintre, puisqu'à son nom est apposé le signe *gwa*, qui correspond à *pinxit*, et même nous possédons une inscription plus explicite encore (n° 123), puisqu'elle nous apprend que Kiosen copia lui-même le dessin d'un certain peintre et que sa copie fut gravée par Oyuanshu Kiyu. Tout cela, on le voit, est médiocrement clair et un grand nombre de pièces non signées et qui comptent parfois parmi les plus parfaites de style et de technique augmentent encore la confusion; dans la quantité des ouvrages qui se groupent autour du maître ou qui portent son nom, nous ne pouvons que bien malaisément faire le départ entre ce qui est travail d'atelier, voire même contrefaçon, et ce qui véritablement lui appartient en propre.

On nous conseille, aussi bien, de nous fier à notre œil, mais comment reconnaîtrait-il sûrement le vrai du faux, puisque jusqu'ici il n'est pas arrivé même à classer logiquement toutes ces pièces et à en déterminer l'ordre chronologique? Sans doute, on l'a tenté, et Fenollosa d'abord, M. Gookin après lui, ont cru pouvoir dater les diverses estampes de Harunobu à quelques mois près : *late* 1767 ou 1769, lit-on souvent dans leurs catalogues; mais quelque profond respect qu'on doive à la science de l'un et quel que puisse être le goût de l'autre, il semble bien qu'il y ait quelque fantaisie dans cette précision. C'est surtout sur les modifications de la coiffure — modifications que signalait déjà Shiba Kokan — et de la forme des robes et des ceintures que ces auteurs se fondent; mais sommes-nous assez exactement renseignés sur les variations de la mode à Yédo pour en déterminer si précisément les effets? Et nous devons avouer d'ailleurs que trop souvent nous n'apercevons aucune différence appréciable entre des pièces qu'on nous donne comme séparées par un intervalle de plusieurs années. Pourtant, nous possédons quelques jalons : plusieurs estampes sont datées, et si les millésimes de 1753 et 1761, que nous avons déjà cités, ne sont que des points de départ, trop isolés pour servir beaucoup, au moins pouvons-nous faire fond sur ceux de 1765, de 1766 (n° 82) et de 1767 (Exp. de Hambourg, 1909, Cat. Hara, n° 28); pour 1765 même, dix-neuf pièces en portaient la date à notre exposition. Ce fut une année de fête au Japon qui célébra avec enthousiasme le jubilé de l'entrée à la cour de l'empereur Seiwa du grand ministre, peintre et calligraphe Sugawara Michigané, l'ami de Kosé Kanaoka, et peut-être les graveurs songèrent-ils à commémorer cet anniversaire. On a dit aussi que c'est pour rappeler les derniers perfectionnements apportés cette année à leur art qu'ils l'avaient notée si souvent, mais il faut avouer qu'ils le firent bien discrètement, dissimulant de leur mieux leurs chiffres dans les ornements d'une ceinture ou d'un paravent, et d'ailleurs la découverte d'autres millésimes sur des estampes infirmerait ces deux hypothèses. Quoi qu'il en soit, nous savons à peu près comment on travaillait dans le groupe de Harunobu vers 1765; c'est un point de départ; certains événements de la vie de l'artiste peuvent nous guider encore, telle la rencontre de quelques jolies jeunes filles, Osen et Ofuji surtout, dont il se plut souvent à faire le portrait dans ses dernières années; et il ne faut pas oublier divers volumes illustrés qu'il publia entre 1763 et 1770 et qu'il prit soin de dater. Il semblerait possible, au moyen de comparaisons, de déterminer une certaine chronologie dans son œuvre et de suivre le progrès de son style. Plein de confiance, nous avions entrepris ce travail sur les trois cents pièces exposées et pensions obtenir un résultat appréciable; après de longues séances, où les rédacteurs de ce catalogue ont fait appel aux lumières de bien

1. Nous n'en avons pas rencontré; toutefois une admirable pièce figurait à l'exposition (n° 80), signée de Kiosen, graveur, tandis qu'une autre épreuve de la même estampe (n° 173) était signée Harunobu; mais cette dernière pouvait passer pour un retirage sur lequel avait été apposé le nom du maître remplaçant celui du graveur dès lors oublié.

des amateurs, force nous a été de constater que nous perdions notre temps et n'arrivions à rien de précis.

Notre peine n'a pas été tout à fait inutile pourtant, puisque nous avons pu faire certaines observations de détail parfois intéressantes. C'est ainsi que nous avons reconnu que, parmi les estampes datées de 1765, plusieurs (huit), et des plus admirables d'impression, sont des tirages en bistre, d'aspect presque monochrome, gravées avec trois blocs au plus; d'autres (cinq) ajoutent au bistre une ou deux couleurs plus vives et quelques-unes (six) tendent vers la polychromie; mais aucune pièce véritablement polychrome, de celles où les graveurs se sont plu à déployer toute la somptuosité d'une palette récemment et merveilleusement enrichie, ne porte ce millésime. Contrairement à l'opinion généralement admise, le plein développement de la polychromie serait-il donc postérieur à 1765? Et il y a plus. Il faut admettre que quand, de la même pièce, l'on possède deux tirages, l'un daté, l'autre sans date, c'est le tirage daté qui est le premier; l'autre ne saurait être qu'un retirage dont on aurait fait disparaître le millésime, de peur que, dès l'année d'après, il n'accusât son âge et ne parût démodé; or, nous avons rencontré diverses pièces datées, tirées en bistre, dont un tirage non daté, postérieur par conséquent, montre une éclatante polychromie (31 et 32, 114, etc.), et il faut observer d'ailleurs que les pièces qu'on ne peut considérer que comme des retirages, celles dont les couleurs sont devenues lourdes et ont perdu leur transparence, dont des gaufrages excessifs boursoufflent les contours et dont un papier sec accentue la rudesse, se font remarquer par l'abondance des tons et par leur vivacité; nous ne connaissons, au contraire, que peu d'estampes bistres dont la qualité ne décèle un premier tirage à tout œil exercé...

Ce sont des observations de cette sorte qui ont amené M. Vignier à choisir entre diverses autres méthodes pour le classement de son catalogue celle qu'il a adoptée. Ayant mis en tête les œuvres de jeunesse — le style et le tirage ne laissent pas de doute à cet égard — il a décrit ensuite les estampes tirées en bistre; puis il a noté celles où paraissait un rehaut de couleur plus vive; il a fait alors un groupe de transition et des débuts de la polychromie; enfin, dans la dernière série, se sont trouvées réunies toutes les pièces véritablement polychromes; dans chacune de ces sections, il a naturellement séparé les estampes signées Harunobu, celles qui ne portent pas de signature et celles qui sont signées de noms divers. On ne saurait assurer, cela va sans dire, que cet ordre soit celui où toutes les pièces ont vu le jour et qu'il suive la stricte chronologie; mais il est logique et commode. Et sans doute eût-il été plus intéressant de chercher à suivre les transformations du style de Harunobu. Ses ouvrages, datés de 1765, sont infiniment gracieux et d'une préciosité charmante, et l'on peut croire que sa manière a dû s'agrandir par la suite; il a atteint la puissance dans certaines pièces de grand format et dans divers hashirakaké qui devraient ainsi être attribués à ses dernières années; on trouverait au besoin la preuve de ce progrès dans ses livres, très inférieurs d'ailleurs à ses estampes et d'un caractère beaucoup moins raffiné. Mais autre chose est de tracer largement, dans ses grandes lignes, le développement de l'art d'un maître, et de faire entrer l'une après l'autre dans le classement les nombreuses pièces sorties de sa main, qui ne sont séparées en somme que par des nuances imperceptibles; l'entreprise, nous l'avons reconnu à l'essai, était irréalisable; on n'eût abouti qu'au désordre, et le plus simple était de s'en tenir à un classement logique où n'eussent aucune part les appréciations personnelles, toujours critiquables et trop souvent difficiles à saisir pour autrui. Celui de M. Vignier nous a semblé le meilleur.

Nous regrettons que l'exposition des trois cents pièces de Harunobu et de son groupe ne nous ait pas amenés à des conclusions plus précises; peut-être la centaine d'estampes que nous reproduisons permettra-t-elle à d'autres de pénétrer plus avant dans son œuvre et d'en déterminer plus exactement le progrès. Nous nous sommes attachés à donner dans notre album les pièces les plus caractéristiques; nous avons publié de plus presque toutes celles qui portent un nom autre que celui du maître. Ce sont là des éléments de travail que nulle publication ne donnait avant la nôtre : nous espérons qu'amateurs et érudits en profiteront pour débrouiller peu à peu le délicat mais singulièrement attrayant problème Harunobu.

KORIUSAÏ[1]

L'œuvre de Koriusaï est étroitement liée à celle de Harunobu, mais, cette constatation faite, il faut avouer que presque tout est incertain dans ce que nous croyons savoir d'elle. Et d'abord la vie du peintre demeure assez mystérieuse. Il s'appelait Isoda Shobei et fut durant sa jeunesse samuraï d'un petit prince nommé Tsuchiya; devenu

1. Cf. *Masterpieces selected from the ukiyoyé school* de Tajima, t. III, p. 99, et Kurth, *Harunobu*.

ronin à la mort de celui-ci, il s'établit à Yédo, y étudia la peinture dans l'atelier de Shighénaga, travailla beaucoup pour les graveurs et enfin fut nommé *hokkiyo,* dignité conférée parfois à des artistes et dont Koriu et Sotatsu avaient été revêtus : une estampe de l'exposition, le n° 448, exposée par M. Doucet, est le propre sourimomo (il figure un faucon) que Koriusaï offrit à ses invités le jour du banquet où ils célébrèrent ensemble sa nomination, et l'auteur a soin de faire suivre sa signature du mot *saishu,* à savoir amphitryon. La date de la naissance du peintre et celle de sa mort sont ignorées, mais sans doute vivait-il encore en 1781, où parut, signé de lui, un ouvrage imprimé en noir, *Kusatsu yamato sogwa,* « Croquis mélangés japonais », qui compte parmi les chefs-d'œuvre de la gravure japonaise. On dit que, nommé hokkiyo, il cessa peu à peu de peindre pour les graveurs, ce qui lui semblait inférieur à sa nouvelle dignité et qu'il ne fit plus que des kakémono, dont quelques-uns seraient signés hokkiyo Koriusaï; nombreux en effet sont ses kakémono, et les *Masterpieces from the ukiyoyé school* en ont publié de tout à fait charmants, mais leur date et leur chronologie nous sont inconnues. Il aurait encore porté le nom de Masakatsu, de Haruhiro aussi, et beaucoup de ses estampes sont signées « Koriu », des deux premiers caractères de son nom.

On ne saurait nier que beaucoup d'estampes signées Koriusaï ou Koriu ne soient extrêmement semblables de style à celles de Harunobu, d'où l'affirmation plusieurs fois répétée au Japon et en Europe que Harunobu et Koriusaï n'étaient qu'un seul et même artiste et que Koriusaï serait un nom de pinceau du maître. Les quelques détails biographiques que nous avons donnés contredisent sans doute cette hypothèse, et de plus M. Kurth la ruine en citant la légende d'une estampe où il serait dit que le dessin de Harunobu s'en étant retrouvé après sa mort, Koriusaï aurait été prié d'y mettre les couleurs et qu'il se serait chargé de cette besogne en souvenir de l'amitié qui les avait liés. De même, il est passé entre les mains de M. Vignier une estampe nagayé de Koriusaï, dans un des angles de laquelle était imprimé un poème signé Harunobu, où il était question de Koriusaï en termes fort aimables. Mais il n'était pas besoin d'une telle hypothèse pour expliquer l'analogie du style, et peut-être le souvenir de communes études dans l'atelier de Shighénaga y suffirait; Koriusaï était un artiste de médiocre imagination — son œuvre le prouve surabondamment — et il se sera laissé dominer par un camarade singulièrement mieux doué que lui. L'analogie, d'ailleurs, va rarement jusqu'à l'identité, et si le dessin des figures, des étoffes et des fonds est souvent semblable, le coloris, avec ses rouges intenses et ses gris sourds, paraît d'ordinaire fort différent; aussi bien, même quand le plagiat semble le plus patent, certaines différences s'aperçoivent encore, à y regarder de près, et qui ne sont pas toujours au désavantage de Koriusaï : son hashirakaké du jeune couple en blanc et noir s'inspire directement de celui de Harunobu, mais il a introduit dans la pose des personnages et dans le jeu des draperies certaines modifications qui prouvent un œil extrêmement sensible[1].

Au reste, toute une partie de l'œuvre de Koriusaï n'a véritablement rien de commun avec celle de Harunobu. Shiba Kokan nous rapporte qu'au temps de ce maître un changement important se fit dans la coiffure des femmes; c'est, sans doute, à l'introduction des grandes coques qu'il fait allusion, de ces coques qui se développent sur les côtés de la tête à la manière d'ailes de papillons et remplaçant le gracieux échafaudage des petites coques qui s'étageait auparavant du dessus de la tête jusqu'à la nuque. Or cette mode nouvelle ne se rencontre, pour ainsi dire, dans aucune estampe signée Harunobu, tandis qu'elle est très fréquente chez Koriusaï et précisément dans des pièces qui s'éloignent du style de son premier inspirateur. Ne peut-on donc croire qu'à la mort du maître, et n'en subissant plus le charme, il se serait développé plus librement et hors de son influence? Quelques rares morceaux nous présentent les deux genres de coiffures réunis, et ce seraient les ouvrages de transition; dans beaucoup d'autres, au contraire, seules les grandes coques apparaissent, et ce seraient les pièces de sa dernière manière, celles d'ailleurs où son art s'y montre le plus personnel, ses grandes pièces (oban) et ses hashirakaké, ces belles estampes en hauteur où il a mis le meilleur de son talent. Que dans les pièces inspirées de Harunobu il soit souvent inégal au maître, nous l'admettons sans peine; qu'on puisse reprocher une certaine monotonie à ses *Promenades de courtisanes,* assez nobles toutefois, cela ne peut se nier; mais il nous semble qu'il est véritablement le maître des hashirakaké, que nul peintre n'a résolu plus élégamment le difficile problème de faire tenir une scène dans une de ces longues bandes étroites de papier que les amateurs, à défaut de peintures, pendaient dans le tokonoma en manière de kakémono, et

1. Il est assez curieux de rencontrer dans l'œuvre de Koriusaï des imitations exactes d'estampes d'autres artistes; c'est ainsi que le catalogue Barbouteau reproduit une pièce de Toyonobu (n° 271) à peu près identique, au dessin de la robe et à quelques accessoires près, à notre n° 310; et dans l'espèce ce n'est pas Toyonobu (1711-1785) qui semble le plagiaire, car l'estampe se rapproche beaucoup plus de son genre que de celui de Koriusaï; il s'agit sans doute d'un ouvrage de jeunesse de l'artiste, cherchant sa voie entre différents maîtres.

qu'il a donné à quelques-uns une grâce pittoresque et aux autres une puissance auxquelles Harunobu n'atteignit point. Quant à ses estampes figurant des animaux, certaines sont des chefs-d'œuvre d'ingénieuse observation ou de grandeur presque dramatique.

On aurait donc tort de ne tenir Koriusaï que pour un peintre « à la suite » et certains morceaux de lui, particulièrement vers la fin de sa carrière sans doute, nous apparaissent comme véritablement originaux. Peut-être eût-il convenu, si l'on admettait la chronologie que nous proposons pour son œuvre, de séparer dans le catalogue les pièces à coiffure basse, celles où se sent encore l'influence de Harunobu, de celles à coques larges où l'artiste semble plus maître de lui ; M. Vignier ne l'a pas pensé ; il a jugé que bien souvent le départ aurait quelque chose d'arbitraire et il s'en est tenu à un classement par format, non sans disposer d'ailleurs chaque série, comme il avait fait pour Harunobu, suivant la quantité de planches employées par le graveur. Le procédé était plus sûr, nous avons dû le reconnaître; l'ordre soi-disant chronologique eût entraîné dans le détail des difficultés insurmontables et, sans doute, un inextricable désordre ; nous n'en croyons pas moins à la justesse de notre hypothèse quant au classement des œuvres de Koriusaï et estimons que dans l'ensemble elle peut être acceptée.

SHUNSHO ET SON GROUPE[1]

Shunsho est le chef, sinon le fondateur, du groupe des Katsukawa. L'atelier avait été fondé au commencement du XVIIIe siècle, par Miyagawa Choshun, un peintre sorti de l'école de Tosa, passé ensuite à l'ukiyoyé et sous l'influence de Moronobu d'abord, de Kwaigetsudo ensuite; le successeur de Choshun fut Shunsui et c'est de Shunsui que Shunsho était l'élève. Il aurait dû en vérité porter le nom de Miyagawa, suivant l'usage; mais un procès criminel avait été intenté à Choshun, sur la fin de sa vie, en 1749, dont il n'était pas sorti indemne ; Shunsui prit prétexte pour modifier le nom de Miyagawa qu'il avait adopté en celui de Katsu-Miyagawa et Shunsho le contracta en Katsukawa. Il est difficile d'ailleurs de se rendre compte de ce qu'il put devoir à ses prédécesseurs ; Choshun fut uniquement peintre et ne travailla pas pour les graveurs ; de Shunsui, outre ses peintures, on ne connaît qu'un livre et fort peu d'estampes portent sa signature; l'art de Shunsho semble bien lui appartenir à lui-même et c'est lui qui créa le style, pour la représentation des acteurs et des scènes de théâtre, que ses élèves et les successeurs de ses élèves prolongèrent jusqu'en plein XIXe siècle.

Shunsho naquit à Yédo en 1726 et il y passa sa vie, habitant (1751-1771) chez un libraire du nom de Shichiyémon Hayashi. Les collections japonaises conservent de lui diverses peintures que les amateurs estiment égales aux meilleures qu'ait produites l'ukiyoyé, mais en Europe on ne connaît que ses œuvres destinées à la gravure et elles nous révèlent de même un artiste tout à fait original. Il appartient, comme Harunobu et Koriusaï, à la seconde génération des peintres travaillant pour les graveurs, mais, tandis que certaines pièces de Harunobu décèlent très nettement l'élève encore docile de Shighénaga, rien chez Shunsho ne rappelle plus la génération précédente et l'on ne trouve chez lui aucune trace de l'influence des primitifs. Ce sont les portraits d'acteurs qui l'attirèrent surtout ; on raconte qu'ayant assisté à la représentation d'un drame sur *les Cinq hommes de Naniwa,* quelqu'un lui demanda de dessiner les comédiens et qu'il s'en tira si bien que sa voie lui apparût dès lors ; mais sans doute n'est-il pas besoin de cette historiette pour expliquer le goût qui poussait l'artiste vers le théâtre : le théâtre est une des passions des Japonais ; depuis longtemps l'école des Torii s'était consacrée à la représentation des scènes de théâtre, et il n'y a rien de surprenant à ce que Shunsho s'y fût essayé à son tour. Ce qui est surprenant seulement, c'est de le voir si complètement indépendant dès l'abord de la manière des Torii ; en vérité, nous n'avons aucun renseignement sur ses ouvrages de jeunesse et la première date que nous fournisse son œuvre est celle de 1770, — il avait 44 ans à ce moment ; — il n'en reste pas moins qu'aucune estampe signée de son nom ou portant son cachet, le petit vase à couvercle dénommé *tsubo*, ne révèle de tâtonnement; nul souvenir même lointain ne s'y rencontre de la manière de ses prédécesseurs et son art nous apparaît tout de suite formé et personnel.

La caractéristique de cet art de Shunsho est sa sincérité. Les premiers Torii avaient assurément plus de grandeur dans le style ; quelque chose y demeurait de la noblesse des écoles de peinture classique, les belles draperies en gardaient les lignes calligraphiques, les attitudes, si violentes qu'elles fussent, ne se départissaient jamais de l'harmonie

1. *Masterpieces selected from the ukiyoyé school*, par Tajima, t. II.

traditionnelle et l'idée n'était venue à aucun peintre de rendre les traits des acteurs qu'il représentait autrement que suivant les habitudes d'une stylisation toute conventionnelle. Avec Shunsho, c'en est fait de la convention; l'acteur nous apparaît tel que le peintre le voyait sur la scène; ce sont des portraits, des portraits sans doute ressemblants et en tout cas aisément reconnaissables, si personnels qu'au premier coup d'œil et sans même recourir au *mon,* à ces armoiries que chaque acteur portait sur son vêtement, on distingue un Danjuro à la large face carrée, ou un Iwaï Hanshiro, spécialiste des rôles de femmes, au menton rond et proéminent. Et le geste est évidemment exact et le costume minutieusement rendu; chaque spectateur retrouvait dans ce pêcheur qui tient son poisson à la main ou dans ce prêtre déchu et humilié le comédien qui l'avait ému la veille; les personnages du drame étaient pris sur le vif, grimaçant et gesticulant, et parfois c'est le drame lui-même qui surgissait sous le pinceau de l'artiste, quand il en montrait une scène pathétique dans toute son horreur, avec les acteurs principaux en posture sur le fond du décor. Cette manière nouvelle dut plaire singulièrement à un public avide de spectacles, car innombrables sont les petites feuilles en hauteur où Shunsho a fait défiler les comédiens de son temps; il s'est même amusé à les peindre dans les coulisses, à leur toilette, arrangeant leurs costumes ou leurs perruques, pour la plus grande joie des badauds tenus éloignés de ces intéressants mystères, et il a même suivi la foule dans les théâtres en plein vent, où les lutteurs s'offraient à l'admiration de leurs fidèles. Le premier, il s'est exercé à rendre leur formidable musculature et la poussée de ces corps gigantesques enchevêtrés, et ce sont d'étranges tableaux que ceux où il a représenté ces pittoresques arènes bondées d'un public grouillant et passionné; il semble pourtant qu'habitué aux émotions plus fines du théâtre, il n'ait pas été tout à fait la dupe de ces monstres graisseux et que quelque ironie perce parfois dans les portraits qu'il en donne; en tout cas, il ne prend qu'à demi au sérieux le peuple qui les contemple, et dans certains types populaires, parmi les spectateurs, on reconnaît déjà la gaieté railleuse des bonnes gens de Hokusaï.

Shunsho ne fut pas uniquement un peintre de portraits d'acteurs; on connaît de lui des estampes de formats divers où il représenta des sujets tirés de la vie des femmes et de celle des courtisanes; c'est elles qui figurent d'ordinaire dans ses kakémono et surtout dans ses recueils, tels que le *Miroir des beautés des maisons vertes* (1776) et *la Culture de la soie* (1786), publiés en collaboration avec Kitao Shighémasa; ces deux ouvrages sont célèbres et fort intéressants en effet, mais le peintre y semble moins personnel et moins maître de son art que dans les scènes de théâtre. Son type de femme n'a pas la grâce de celui de Harunobu, il ne sait pas l'envelopper de la même poésie et, d'ailleurs, on ne voit pas qu'il ait été servi par d'aussi merveilleux graveurs, par ces admirables ouvriers qui contribuèrent tant à la gloire de Harunobu. Ce sont ses acteurs qui ont fait de Shunsho un maître et tel fut assurément le sentiment de ses contemporains : peintre d'acteurs, il eut l'honneur d'être pastiché par le plus illustre d'entre eux, par Harunobu lui-même qui, une fois au moins (nº 128 *bis*), après avoir renoncé brusquement à peindre les gens de théâtre, s'était ravisé et ne crut pouvoir mieux faire que de l'imiter; Ippitsusaï Buncho, qui avait collaboré avec lui à divers recueils d'acteurs (1770), devait, bien qu'il n'eut jamais travaillé dans son atelier, subir son influence lorsqu'il peignait ses exquises scènes de théâtre; quant à ses élèves enfin, tous prirent modèle sur ses feuilles d'acteurs, à l'exception du seul Shuncho; c'est de Kiyonaga que celui-là dépend et c'est à la suite de son véritable maître que nous l'étudierons. Shunsho mourut en 1792.

Le meilleur de ses élèves fut assurément Shunyei (1768-1819). Diverses histoires, plus ou moins puériles, circulent sur son compte; on nous raconte qu'il était assez distrait et oubliait volontiers de changer de vêtements; qu'il se livrait parfois à des excentricités et que même il connut la prison, en 1809, pour avoir troublé l'ordre, de compagnie avec son élève Shunteï; tout cela emplit ses biographies, mais quant aux détails précis sur son œuvre, elles les négligent. Il est vrai que cette œuvre parle d'elle-même. Shunyei, qui fut un bon peintre, comme en témoigne un beau paravent légué au Louvre par M. Jolly de Moret, ne paraît pas avoir cherché à renouveler dans ses modèles d'estampes ceux qu'avait créés Shunsho; il se contenta des types de son maître et comme lui dessina pour les graveurs des portraits d'acteurs, des scènes de théâtre ou de lutte; mais il semble qu'il y eut dans son observation une acuité, un pittoresque aussi que n'avait pas connus le fondateur de l'atelier. Rien de plus énergiquement croqué que ses attitudes et ses gestes, et quant aux visages, il sut mettre dans certaines grandes têtes une intensité d'expression véritablement surprenante : ce n'est pas la généralisation géniale de Sharaku assurément, mais c'est la vie prise sur le fait. De plus, il eut à un haut degré le sentiment du fantastique et ses cinq volumes d'*Apparitions* en témoignent; en vérité, il s'amuse plutôt à faire peur qu'il ne ressent lui-même la terreur nocturne des spectres, mais ce mélange de scepticisme et d'horreur est de haut goût et il y aurait injustice à placer Shunyei beaucoup au-dessous de Shunsho.

Shunko († 1827), un autre élève de Shunsho, hérita, lui aussi, d'une part du talent de son maître; dans les mêmes sujets, il sut mettre sa marque propre; les acteurs de Shunko sont remarquables d'ordinaire par une sorte de maniérisme tout à fait aimable. La terreur n'est pas son fait, ni l'observation aiguë, mais ses acteurs, surtout ceux habillés en femme, se tortillent avec une grâce un peu équivoque et non sans charme, ce qui ne l'empêche pas d'ailleurs de dessiner de magnifiques lutteurs. Reconnaissons, au reste, que ces distinctions entre élèves de Shunsho sont assez subtiles. Passe encore pour les meilleurs; après Shunyei et Shunko, l'on découvrirait un semblant de personnalité à Shunjo, moins ample que son maître, mais qui en a la tenue; qu'est-ce qui distingue cependant Shunri de Shuntoku? Quelle différence s'aperçoit entre les élèves directs de Shunsho et ceux de Shunyei, et peut-on mettre un nom sur les estampes non signées, dont quelques-unes d'ailleurs sont admirables? Aussi bien ces distinctions importent peu; les derniers Katsukawa, auteurs de quelques bonnes feuilles d'acteurs, n'ont rien ajouté à l'art des grands maîtres de l'atelier; plusieurs même échappaient déjà à la tradition des fondateurs, les uns comme Hokusaï, élève quelque temps de Shunsho, pour développer leur originalité, les autres pour tomber dans l'imitation d'écoles plus jeunes et qui devaient remplacer celle-là dans la faveur publique.

C'est à certaines de ces écoles que sera consacrée l'exposition de 1911. Nous pensons réunir dans les salles du Pavillon de Marsan Kiyonaga, Ippitsusaï Buncho et Sharaku, avec les artistes de moindre originalité qui dépendent d'eux, et sans doute, grâce aux ressources véritablement infinies que mettent à notre disposition les collections parisiennes, pourrons-nous présenter de l'œuvre de ces grands maîtres un ensemble aussi séduisant et aussi complet que nous avons fait pour leurs prédécesseurs.

Raymond KŒCHLIN.

INDEX

CATALOGUE

NOMS DE PEINTRES

BUNSHO (livres).
GIHO, nº 43.
GORO, nº 81.
GOSO KORÉKI, nº 47.
HARUNOBU.
HARUSHIGHÉ, nº 244.
JITOKUSO, nº 123.
KIOSEN, nºs 41, 79, 80, 120, 121, 123.
KOGAN, nº 83.
KOMATSU, nº 124.
KORIUSAI, nºs 289-448.
KOSEN, nº 42.
KWAKUSHI, nº 125.
MASUNOBU, nº 281.
MEI KODO SAKEI, nº 245.
MINKO, nº 46.
NENRO, nº 82.
RAN U, nº 47.
RISEN, nº 44.
ROKIO, nº 146.
SHIBO, nº 126.
SHIGHÈMASA (Kitao), livres.
SHIZEN, nº 49.
SHUNJO, nºs 588-591.
SHUNKO, nºs 562-587.
SHUNRI, nº 594.
SHUNSEN, nº 595.
SHUNSHO, nºs 449-516.
SHUNTEI, nº 593.
SHUNTOKU, nº 592.
SHUNZEN, nºs 517-561.
TOYOKUNI (livres).
YOSHINOBU (Komaï), nº 246.

GRAVEURS

INO OUYÉ SHINSHICHI (livres).
OYUANSHU KIYU, 123.
SÈKINÉ KAKEI, 49, 84, 146.
TAKAHASHI ROSEN, 23, 24, 25, 45, 48.
YENDO GOYEN, 26, 88.

IMPRIMEURS

MARUJIN, 488, 518.
SHIGUHAN, 322, 373, 377, 380, 381, 428, 430, 435.
YUMOTO YUKIYÉ, 26, 88.

ÉDITEURS

IWATOYA, 12, 13, 17, 18.
MINOYA HEISHICHI (livres).
NISHIMIYÉ, 87.
SAKAIYÉ, 10, 11, 14.
TOMITA, 19, 21.
TSURUSHIN, 5.
TSURUYÉ, 509, 559.
YAMÉKI, 27.
YEIGUSO NISHIMURA, 333, 483.
YENAMI, 9, 16.

PLANCHES

NOMS D'ARTISTES

GIHO, pl. 6.
GORO, pl. 30.
GOSO KOREKI, pl. 28.
HARUNOBU, pl. 1-18, 20-27.
HARUSHIGHÉ, pl. 27.
HOGETSU, pl. 28.
JITOKUSO, pl. 29.
KIOSEN, pl. 10, 28, 29.
KOMATSU, pl. 29.
KORIUSAI, pl. 31-44, 46-48.
MASUNOBU, pl. 30.
MEI KODO SAKEI, pl. 22.
NENRO, pl. 30.
OYUANSHU KIYU, pl. 28.
RAN U, pl. 28.
RISEN, pl. 6.
SÉKINÉ KAKEI, pl. 14.
SHIBO, pl. 28.
SHUNJO, pl. 67.
SHUNKO, pl. 64, 65, 66, 67.
SHUNSEN, pl. 62.
SHUNSHO, pl. 49-57.
SHUNTOKU, pl. 67.
SHUNYEI, pl. 58-64.
TAKAHASHI ROSEN, pl. 4, 5, 7.
YENDO GOYEN, pl. 5.

OUVRAGES CITÉS

LIVRES ET ARTICLES D'ENSEMBLE

BING. — *Le Japon artistique.* 6 volumes. Paris, sans date, in-4°.

W. von SEIDLITZ. — *Geschichte des Japanischen Farbenholzschnitts.* Dresde, 1897, in-8°.

G. MIGEON. — *Chefs-d'œuvre d'art japonais.* Paris, sans date, in-4°.

S. TAJIMA. — *Masterpieces Selected from the Ukiyoyé School.* Tokio, 1906-1909, 5 vol. in-4°.

E. F. STRANGE. — *Japanese Colour Prints.* Londres, 1908, in-18.

Dr J. KURTH. — *Harunobu.* Munich, 1910, in-8°.

Louis AUBERT. — *Harunobu et Toulouse-Lautrec.* « Revue de Paris », 15 février 1910.

P.-A. LEMOISNE. — *Les Premiers maîtres de la gravure en couleurs au Japon.* « Gazette des Beaux-Arts », mars 1910.

CATALOGUES ILLUSTRÉS D'EXPOSITIONS

Exposition de la gravure japonaise à l'École des Beaux-Arts, par S. Bing. Paris, 1890.

The Masters of the Ukiyoyé, par Fenollosa. New-York, 1896.

Japanese Colour Prints, par Gookin. Chicago, 1908.

Japan und Ostasien in der Kunst, par Kurth. Munich, 1909.

Japanische Farbenholzschnitte, par Hara. Préface de Derenberg. Hambourg, 1909.

Japanische Farbenholzschnitte. Préface de Brinckmann. Hambourg, 1909.

Exhibition of Japanese Prints. par Arthur Morrisson. Londres, 1909.

Japanische Holzschnitte. Sammlung Strauss-Negbauer, par Kurth. Francfort, 1910.

Exhibition of Japanese Prints, par Arthur Morrisson. Londres, 1910.

CATALOGUES ILLUSTRÉS DE VENTES

Collection Hayashi, 1902. Paris.

Collection Gillot, 1904. Paris.

Collection Barbouteau, 1904. Paris.

Estampes, dessins et livres illustrés du Japon, juin 1909. Paris.

Collection Waïda, 1909. Amsterdam.

Collection Happer, 1909. Londres.

Collection Ikéda, 1910. Paris.

Collection K. T., 1910. Paris.

Collection Barbouteau, 1910. Paris.

Collection Blondeau, 1910. Londres.

GLOSSAIRE

FORMATS

Kakémonoyé. — Très grand format en hauteur. Environ : $0^{m}550$ sur $0^{m}280$.

Nagayé ou *Hashirakaké.* — Grand format en hauteur très étroit. Environ : $0^{m}650$ sur $0^{m}150$.

Hosoyé. — Petit format étroit en hauteur. Environ : $0^{m}300$ sur $0^{m}150$.

Oban. — Format en hauteur. Environ : $0^{m}450$ sur $0^{m}300$.

Oban Yokoyé. — Grand format en largeur. Environ : $0^{m}650$ sur $0^{m}450$.

Chuban. — Petit format en hauteur. Environ : $0^{m}300$ sur $0^{m}220$.

Koban. — Très petit format en hauteur. Environ : $0^{m}250$ sur $0^{m}160$.

Chuban Yokoyé. — Le format chuban pris en largeur.

Yokoban. — Petit format en largeur. Environ : $0^{m}210$ sur $0^{m}350$.

Kuchiyé. — Frontispice.

Uchina. — Petit format en largeur. Environ : $0^{m}200$ sur $0^{m}250$.

Uchiwayé. — Estampe en forme d'éventail.

COLORIS

Béniyé. — Estampe imprimée en deux tons, un rose (béni) et d'ordinaire un vert. Ce nom s'est appliqué aussi aux estampes tirées en trois et en quatre tons.

SIGNATURES

Les signatures des peintres japonais sont toujours suivies de termes correspondant à pinxit, delineavit. *Ce sont :*

FUDÉ. — Pinceau.

YÉGAKU. — Dessiné par.

GWAKO. — Artiste.

KO. — Fait par. S'emploie aussi pour : gravé par.

CATALOGUE

HARUNOBU

BÉNIYÈ

ESTAMPES DE TYPE PRIMITIF

1. Oban Yokoyé (blanc et noir).

Au centre, un coq gigantesque. A gauche, une femme qui tient une torche et un chapeau. A droite, un homme tenant un chapeau.

Le sujet de cette estampe est le prime matin du 1er janvier de l'année du coq.

Durant la période de production de Harunobu, l'année du coq s'est présentée deux fois : la 3e année de Horeki, 1753, et la 2e année de Meiwa, 1765. Il est plus que vraisemblable que la première de ces dates doit être choisie pour cette estampe, qui serait donc une des œuvres de jeunesse du maître, la plus ancienne que nous connaissions.

Signée : Suzuki Harunobu, fudé (*romsin*), mis pour *pinxit*).

H. 0m275. — L. 0m456. M. HAVILAND.

2. Hosoyé. Béniyé.

Assise sur la véranda, une jeune femme, le buste nu, se lave les pieds. Auprès du baquet, joue un chat.

Signée : Suzuki Harunobu, fudé.

Pl. 1. — H. 0m300. — L. 0m140 M. VEVER.

3. Hosoyé. Béniyé.

Servante de chaya, dont un chat tiraille l'obi dénoué.

Non signée.

H. 0m295. — L. 0m140. M. VEVER.

4. Hosoyé. Béniyé.

Jeune dame, accompagnée de sa servante, regardant un cerisier en fleurs dans la cour du temple de Kyomizu.

Représentation dans le style populaire de la poétesse Komachi. De la série des « Nana Komachi » : sept différentes attitudes d'Ono no Komachi.

Non signée.

Pl. 1. — H. 0m290. — L. 0m135. M. VIGNIER.

5. Hosoyé. Béniyé.

Coq perché sur un mortier de bois. Tout auprès, une poule picorant pour ses poussins.

Ce sujet figure le prime matin du jour de l'an.

Signée : Suzuki Harunobu, fudé.

Publiée par Tsurushin.

H. 0m275. — L. 0m135. M. BING.

6. Hosoyé. Béniyé. Trois tons (rose, vert, jaune).

L'acteur Nakamura Matsuyé, dans le rôle de la jeune fille incendiaire Yawoya Oshichi, qu'il joua au théâtre Nakamuraza.

Signée : Harunobu, yégaku *(delineavit)*.

H. 0m310. — L. 0m140. M. HAVILAND.

7. Hosoyé. Béniyé. Trois tons (rose, vert, jaune).

Enfants pêchant sur le bord de la rivière. L'un d'eux tient un poisson au bout de sa ligne.

Signée : Suzuki Harunobu, fudé.

H. 0m300. — L. 0m135. M. CHALIVA.

8. Hosoyé. Béniyé. Quatre tons (rouge, vert, violet, jaune).

Dans les flots, Taïra no Atsumori, sur son cheval qui nage pour rejoindre un bateau qu'on aperçoit au loin.

Cette estampe est probablement une partie de diptyque. Sur l'autre feuille on verrait Kumagayé Nawozané défiant le fuyard.

H. 0m305. — L. 0m140. M. HAVILAND.

9. Hosoyé. Béniyé. Quatre tons.

Faucon sur son perchoir.

Signée : Suzuki Harunobu, yégaku.

Publiée par Yénami.

H. 0m305. — L. 0m135. M. HAVILAND.

10. Hosoyé. Béniyé. Quatre tons.

Ono no Tofu regardant sauter une grenouille.

Signée : Suzuki Harunobu, yégaku.

Publiée par Sakaïya.

H. 0m305. — L. 0m140. M. VEVER.

11. Oban. Béniyé.

Épisode connu de la guerre entre les Minamoto et les Taïra. L'éventail, que portait attaché à une hampe la dame de cour Tamamushi, vient d'être brisé par la flèche du fameux archer Nasu no Yoïchi Munétaka.

Signée : Suzuki Harunobu, fudé.

Publiée par Sakaïya de qui l'adresse était : Kurobei Honkokucho Shichomé.

Pl. 1. — H. 0m405. — L. 0m290. M. VEVER.

12. Oban. Béniyé. Trois couleurs (rouge, violet et vert).

Jeune homme regardant un kakémono sur lequel se dessine le Fuji. A terre, dans un vase de bambou, une branche fleurie de prunier.

Estampe faite à l'occasion du jour de l'an.

Signée : Suzuki Harunobu, yégaku.

Publiée par Iwatoya (au coin de Kayacho Nichomé, Asakusa, Yédo).

H. 0m420. — L. 0m 295. MUSÉE DES ARTS DÉCORATIFS.

13. Oban. Béniyé. Trois tons (rose, violet, jaune).

Portrait d'une dame de la cour, avec son chat.

Épisode du Genji.

Signée : Suzuki Harunobu, fudé.

Publiée par Iwatoya.

H. 0m410. — L. 0m285. M. Bing.

14. Oban. Béniyé. Quatre tons.

Fleuriste.

Signée : Suzuki Harunobu, fudé.

Publiée par Sakaïya Kurobei. Honkokucho Shichomé.

H. 0m395. — L. 0m285. M. Bing.

15. Oban Yokoyé. Béniyé. Quatre tons.

Assemblée de Tayu et de Geisha dansant la danse Manzaï, au nouvel an. Toute la décoration : la peinture du paravent, la décoration placée sur le sanbon (plateau monté sur un pied) et les branches de prunier en fleurs qu'on voit dans la cour, consiste en emblèmes de bonheur et de longévité.

Cette estampe est datée, à la main, 11e année de Horeki (année du serpent) : A. D. 1761.

H. 0m295. — L. 0m400. M. Vever.

16. Oban Yokoyé. Béniyé. Trois tons.

Sept jeunes femmes représentant les sept sages dans la forêt de bambous.

Signée : Gwako (artiste) Suzuki Harunobu.

Publiée par Yénami. Mikawacho Ichomé (Yédo).

Pl. 2. — H. 0m305. — L. 0m430. M. Vever.

17. Oban Yokoyé. Béniyé. Quatre tons (rose, violet, vert, jaune).

Jeune samuraï à cheval, prenant congé d'une dame amie, qu'on voit, sur le seuil de sa demeure, une petite fille auprès d'elle.

Sur la mélancolie du départ, sans doute, le jeune homme a composé un poème qu'il s'apprête à écrire. Déjà, son yakko (serviteur) délaye de l'encre dans le suzuribako.

Épisode du Genji Goju yo jo (poème en 54 parties sur le prince Genji).

Signée : Suzuki Harunobu, yégaku.

Publiée par Iwatoya. Kayacho Nichomé. Asakusa. Yédo.

Pl. 2. — H. 0m285. — L. 0m445. M. Vignier.

18. Oban Yokoyé. Béniyé. Quatre tons.

Enfant jouant au shishi-maï (danse avec masque de shishi) un jour de fête dans le district d'Asakusa. A droite, en offrande au dieu du district, est une lanterne (dashi) que les enfants ont ornée de fleurs.

Signée : Suzuki Harunobu, yégaku.

Publiée par Iwatoya. Kayacho Nichomé. Asakusa.

H. 0m285. — L. 0m405. M. Bing.

19. Oban Yokoyé. Béniyé. Quatre tons (rose, violet, jaune, vert).

Enfants luttant sous une treille de glycines. L'un d'eux arbitre le combat. Il tient, au lieu de l'éventail réglementaire (*Tuchiwa*) un éventail décoré du portrait de l'acteur Danjuro.

Signée : Suzuki Harunobu, yégaku.

Publiée par Tomita.

H. 0m420. — L. 0m290. M. Haviland.

20. Hashirakaké.

Sur une pointe de rocher, tordant son pagne, une baigneuse qui vient de sortir de l'eau. A quelque distance, un poulpe la guette. Il s'approche.

Signée : Harunobu, yégaku.

M. Kurth (*Har.*, p. 120) a cru pouvoir contester cette pièce à Harunobu, jugeant que la correction du dessin de ce nu est bien inférieure à celle des albums érotiques : nous y verrions plutôt une œuvre de jeunesse dessinée encore dans un style primitif.

Pl. 3. — Rep. Seidlitz, pl. 48.

H. 0m610. — L. 0m115. M. Vever.

21. Hashirakaké. Béniyé. Trois couleurs.

Jeune femme au bord d'un torrent, à qui Shoki, perché sur la pointe surplombante d'une falaise, envoie une lettre d'amour. C'est un oni, suspendu à une corde, qui la porte.

Signée : Suzuki Harunobu.

Publiée par Tomita.

H. 0m710. — L. 0m100. M. Haviland.

22. Hashirakaké. Polychrome, de type primitif.

Par un jour de printemps, une jeune dame, accompagnée de sa servante, contemple — dit la légende — la cascade artificielle d'Otawa, qui se trouve dans le temple de Kyomizu, à Kyoto.

De la série Furyu Nana Komachi (sept attitudes de la poétesse Ono no Komachi).

Pl. 3. — H. 0m700. — L. 0m120. M. Haviland.

ESTAMPES TIRÉES EN BISTRE

1° ESTAMPES SIGNÉES HARUNOBU

23. Chuban.

Jeune femme montant l'escalier de pierre — envahi à gauche par des cryptomérias — qui mène à un temple shintoïste. Elle tient à la main des mikuji : baguettes divinatoires, par lesquelles elle apprendra la volonté des Kami. (Cf. n° 133).

Signée : Suzuki Harunobu, yégaku.

Gravée par Takahashi Rosen.

Rep. Lemoisne, *Gazette des Beaux-Arts*, 1910, t. I. Pl. en face de la page 180.

Pl. 4 (en couleurs). — H. 0m270. — L. 0m200. M. Vever.

24. Chuban.

Shoki portant sur son dos une jeune femme, qui s'abrite de la pluie avec son ombrelle. Allusion à la légende de Ikkaku Sennin et de la belle Sendara. Estampe datée de la 2e année de Meiwa, 1765, sur le baudrier de Shoki. Les plis de son kimono sont des chiffres qui désignent les 12 mois de l'année. Cette estampe est donc une sorte de calendrier abréviatif.

Signée : Suzuki Harunobu, yégaku.

Gravée par Takahashi Rosen.

Pl. 5. — H. 0m265. — L. 0m195. M. de Camondo.

25. Chuban.

Une jeune femme s'est élancée du haut de la plate-forme du temple de Kyomizu, à Kyoto. On la voit, cramponnée des deux mains à son ombrelle ouverte, qui amortit la chute, s'approcher du sol. Déjà, au-dessous d'elle, apparaît la cime d'un cerisier en fleurs....

Selon une vieille superstition, quiconque en proie à un violent désir et qui veut savoir si Budha l'exaucera n'a qu'à se jeter du haut du temple de Kyomizu. Si Budha est favorable, le suppliant arrive sain et sauf sur le sol. Sinon, il se tuera instantanément.

Signée : Suzuki Harunobu, yégaku.

Gravée par Takahashi Rosen.

Pl. 5. M. ET Mme CURTIS.

26. Chuban.

Hâtivement, car l'orage menace et la pluie est imminente, une jeune femme ramasse les vêtements qui sont à sécher. Elle se presse si fort qu'elle en perd sa géta.

Signée : Suzuki Harunobu, yégaku.

Gravée par Yendo Goyen.

Imprimée par Yumoto Yukiyé.

A gauche, une autre signature : Hakusei, ko.

Pl. 5. — Rep. Gookin, 111. M. ET Mme CURTIS.

27. Hosoyé.

A Ishiyama-Déra, sur une terrasse élevée, d'où l'on voit le lac Biwa, la poétesse Murasaki Shikibu écrit le Genji Monogatari.

Signée : Suzuki Harunobu, yégaku.

Publiée par Yamaki.

H. $0^{m}290$. — L. $0^{m}135$. M. VIGNIER.

28. Chuban.

Une jeune femme, le torse nu, débarbouille son petit garçon, tout en se lavant elle-même.

Signée : Harunobu, yégaku.

H. $0^{m}270$. — L. $0^{m}200$. M. ROUART.

29. Chuban.

De l'angle d'une véranda, une jeune femme et un enfant contemplent l'étang sillonné de barques de Shinobazu-no-Iké (près du parc de Uyéno, à Tokyo). L'enfant braque une lunette d'approche dans la direction du temple de Benten.

Signée : Harunobu, yégaku.

Pl. 3. M. ET Mme CURTIS.

2° ESTAMPES NON SIGNÉES

30. Diptyque Chuban.

Sur l'une des feuilles du diptyque on voit Kengyu, qui est la planète Vénus. Sur l'autre feuille, sa fiancée Shokujo (Véga de la Lyre). Les deux amoureux, qui vivent séparés par la Voie Lactée, ne se joignent qu'un jour par an, le 7 juillet, qui est la fête des étoiles : Tanabata. (Cf. n° 229). Calendrier de la 2e année de Meiwa (1765).

L'une des deux estampes est tirée dans une gamme de jaunes, l'autre dans une gamme de rouges.

Chacune des estampes :

H. $0^{m}255$. — L. $0^{m}180$. M. HAVILAND.

31. Diptyque Chuban.

Une jeune fille tire à l'arc, cependant qu'à l'extrémité opposée de la chambre, près de la cible, sa compagne ramasse les flèches.

Les deux feuilles de ce diptyque ne sont pas du même tirage. L'estampe de droite, celle où l'on voit la jeune fille à l'arc, est imprimée dans une gamme de bistre rehaussée de rouge et de vert; l'estampe de gauche, d'un tirage évidemment postérieur, est polychromée.

Pl. 6. — H. $0^{m}200$. — L. $0^{m}535$. M. HAVILAND.

32. Chuban Yokoyé. (Partie d'un diptyque.)

Jeune fille tirant à l'arc.

L'estampe de droite du diptyque ci-dessus. Elle est tirée en bistre, sans rehauts. De plus — ce qui la situe évidemment comme tirage original — elle porte, sur le carquois, la date de la 2e année de Meiwa, 1765. Et dans l'obi de la jeune fille, les chiffres des mois.

Rep. Seidlitz, pl. 46.

H. $0^{m}205$. — L. $0^{m}280$. M. VEVER.

33. Chuban.

Jeune homme recueillant, avec son râteau, des aiguilles de pins sur la grève de Takasago. Il figure le vieux Jo.

Cette estampe est une partie de diptyque. Sur l'autre planche on verrait la vieille Uba. Calendrier de la 2e année de Meiwa (1765).

Pl. 7. — H. $0^{m}285$. — L. $0^{m}205$. M. HAVILAND.

34. Chuban.

Daruma marchant sur les flots. Il porte une jeune femme sur son dos.

Calendrier de la 2e année de Meiwa (1765). Les lignes du costume de Daruma dessinent les chiffres du mois.

H. $0^{m}235$. — L. $0^{m}178$. M. DOUCET.

35. Chuban.

Courtisane lisant une lettre près d'une fenêtre, à travers laquelle on voit la branche avancée d'un pin, couverte de neige.

La lettre est un calendrier des mois de 30 jours (sans indication de date). Il est probable que cette estampe est une moitié de diptyque, et que sur l'estampe complémentaire se trouve le calendrier des mois de 31 jours.

H. $0^{m}265$. — L. $0^{m}195$. M. VEVER.

36. Chuban.

Jeune fille traversant un pont couvert de neige; avec une de ses manches, comme d'un capuchon, elle se couvre la tête.

Une autre épreuve polychrome, n° 220.

Rep. Seidlitz, pl. 50.

Pl. 5. — H. $0^{m}275$. — L. $0^{m}205$. M. KŒCHLIN.

37. Chuban.

Jeune femme figurant une Tennin (ange bouddhique). Un sho (sorte de flûte) dans ses mains, elle est assise entre les ailes d'un oiseau de Ho-ô, qui vole vers un paulownia en fleur, dont on aperçoit la cime.

Rep. Cat. Gillot, 242 et Catalogue d'Estampes (vente à Paris, 14 juin 1909), n° 23.

Pl. 3. — H. $0^{m}205$. — L. $0^{m}275$. M. HAVILAND.

38. Chuban.

Même estampe que ci-dessus.

H. 0m200. — L. 0m270. M. Bullier.

39. Chuban.

Jeune fille tissant. Son jeune frère, assis sous le métier, a des regards indiscrets.

Rep. Kurth, fig. 29, et Ikéda, n° 87.

H. 0m275. — L. 0m205. M. Haviland.

40. Chuban.

Jeune homme faisant la charge de Yébisu, dont il porte l'emblème, le *taï*, mais en bois et à roulettes. Son kimono est orné de bateaux qui sont faits de deux feuilles de roseaux.

Rep. Seidlitz, pl. 47.

H. 0m255. — L. 0m195. M. Vever.

3° ESTAMPES PORTANT DES NOMS DIVERS

41. Chuban.

Pendant que sommeille la *Rokuro Kubi* (femme à la tête volante), et à son insu, sa tête, qui ne tient plus au corps que par un cou filiforme et démesurément allongé, vole de-ci de-là, et va regarder dans la chambre voisine.

Calendrier de la 2e année de Meiwa (1765).

Sur les Fusuma (panneaux glissants) se trouvent les caractères Mei-wa, en forme de coqs. Les mois sont inscrits sur le paravent qui est à l'intérieur de la chambre.

Signée : Kiosen, gwako.

Pl. 28. — H. 0m265. — L. 0m185. M. Vever.

42. Chuban.

Jeune fille frappant sur un gong.

Cette estampe est probablement une partie de diptyque.

Sur l'autre planche on verrait la danse du shishi ou la danse du singe.

Datée : 2e Meiwa (1765).

Signée : Kosen, ko.

H. 0m255. — L. 0m180. M. Haviland.

43. Chuban.

Une dame de la cour, coiffée en « Kazuki » (avec un voile lui couvrant la tête), se promène sous un cerisier dont les fleurs sont indiquées en gaufrages.

Signée : Kiosen Renju Giho, ko (Giho, élève de Kiosen).

Pl. 6. M. & Mme Curtis.

44. Chuban.

Jeune femme auprès d'une plante de volubilis, dont les gracieuses volutes s'enroulent autour d'un tuteur.

Cette jeune femme figure la poétesse Kaga no Chiyo qui composa un poème sur les volubilis.

Signée : Kyosen Renju Risen, ko (Risen, élève de Kiosen).

Pl. 6. — H. 0m280. — L. 0m200. M. Mutiaux.

45. Koban.

Jeune fille s'abritant du vent avec son ombrelle.

Gravée par Takahashi Rosen.

Pl. 7. — H. 0m233. — L. 0m175. M. Vever.

46. Chuban.

La fiancée du renard, se rendant auprès de son futur époux, dans un kago, que portent d'autres renards.

Il commence à tomber quelques gouttes de pluie, mais le soleil luit au haut d'un monticule couvert de pins.

Selon la légende, les renards se marient précisément le jour que le soleil brille pendant que tombe la pluie.

Cachet Minko. — Minko était un artiste d'Osaka, venu à Yédo en 1760.

Rep. Cat. Hayashi, 406 (épreuve datée 1765).

H. 0m195. — L. 0m265. M. Vignier.

47. Chuban.

Dans la fumée d'un bâton d'encens (Hangon-Ko) qui se consume, apparaît une jeune femme morte. Datée : 2e Meiwa (1765).

Allusion à une jolie courtisane, Miura Yatakao, qui préféra mourir plutôt que de s'abandonner au daïmio de Sendaï, Daté Tsumomuné. Prévoyant la cruelle alternative où elle se verrait placée, elle avait promis à son amant, le ronin Shimada Jusaburo, que, si elle mourait, elle lui apparaîtrait dans la fumée de l'encens.

Signée : Ran u, yégaku, d'après un dessin de Goso Koréki.

Pl. 28. — H. 0m280. — L. 0m195. M. Haviland.

BISTRE REHAUSSÉ

1° ESTAMPES SIGNÉES HARUNOBU

48. Chuban.

A une peinture de Daruma qui pend sur le Tokonoma, une jeune femme présente sa pipe. Et voilà que l'apôtre s'anime et accepte l'offrande. Le kimono de la dame est décoré en mokumé : dessins imitant les veines du bois.

Datée : 2e Meiwa (1765).

Une autre épreuve polychrome, n° 234.

Signée : Suzuki Harunobu, yégaku.

Gravée par Takahashi Rosen.

Pl. 7. — H. 0m270. — L. 0m205. M. Salomon.

49. Chuban.

Daruma se promenant sous la pluie avec une jeune femme.

Cette estampe est un calendrier — probablement de la 2e année de Meiwa. Mais seuls les chiffres des mois sont indiqués.

Signée : Shisen, ko.

Signée : Suzuki Harunobu, yégaku.

Gravée par Sékiné Kakei.

H. 0m255. — L. 0m185. M. Bullier.

50. Chuban.

Près d'une fenêtre une jeune femme est assise. Fatiguée de lire, elle regarde dans le jardin où volent des oiseaux.

Signée : Suzuki Harunobu, yégaku.

H. 0m275. — L. 0m200. M. Haviland.

51. Chuban.

Sept jeunes dames s'empressant autour de l'adipeux Daïkoku (un des sept dieux du bonheur). Ce qui signifie que les hommes riches trouvent toujours bon accueil auprès d'une certaine catégorie de femmes.

A droite, un écran décoré d'un faucon.

Signée : Suzuki Harunobu, yégaku.

H. 0^{m}275. — L. 0^{m}200. M. Haviland.

52. Chuban.

Par une nuit noire, un galant joint sa belle qui l'attend sur la véranda. En face d'eux, dans le jardin, un prunier en pleine floraison.

Signée : Harunobu, yégaku.

Pl. 7. — H. 0^{m}285. — L. 0^{m}210. M. Moreau.

53. Chuban.

Auprès d'un étang fleuri d'iris, une jeune femme goûte le charme d'un soir d'été.

Signé : Harunobu, yégaku.

H. 0^{m}290. — L. 0^{m}215. M. Mutiaux.

54. Chuban.

Juchée sur un coffre, une jeune femme accroche un tanzaku à une branche fleurie de cerisier, cependant que sa compagne écrit un poème.

Signée : Harunobu, yégaku.

H. 0^{m}275. — L. 0^{m}200. M. Le Veel.

55. Chuban.

Jeune femme s'apprêtant à prendre son bain. Elle apparaît nue sous le peignoir qu'elle dévêt. Ce peignoir, à rayures blanches et violettes, est supposé représenter la dernière mode de l'époque. Sur un tsuitaté (écran), est jeté le kimono de ville de la dame.

Signée : Suzuki Harunobu, yégaku.

Pl. 9. — H. 0^{m}260. — L. 0^{m}190. M. Salomon.

56. Hosoyé de grand format (bistre à rehauts verts et bruns).

Un personnage caché derrière les shoji, et de qui l'on ne voit que le bras, lutine une jeune fille qui cherche à s'enfuir.

Signée : Harunobu, yégaku.

Pl. 8. H. 0^{m}690. L. 0^{m}150 M. Rouart.

57. Chuban.

Jeune homme sur un cheval, que conduit par la bride une jeune fille, traversant la rivière à Idé no Tamagawa.

De la série des six Tamagawa. (Cf. n°s 58, 141, 225.)

Signée : Harunobu, yégaku.

Rep. Kurth, fig. 38.

H. 0^{m}275. — L. 0^{m}205. M. Le Veel.

58. Chuban. Quatre tons neutres.

Jeune fille lavant une pièce de coton à Tamagawa, dans la province de Musashi.

De la série des six Tamagawa. (Cf. 57, 141, 225).

H. 0^{m}285. — L. 0^{m}215. M. Le Veel.

59. Hashirakaké.

Jeune femme s'apprêtant à laver son kimono dans la rivière. Un bambin gambade, qui mène une tortue au bout d'une ficelle.

De la série des six Tamagawa (Cf. 259, 260, 261).

Signée : Suzuki Harunobu, yégaku.

H. 0^{m}670. — L. 0^{m}120. M. Bing.

60. Chuban. Bistre avec des gris et des rouges.

Sur une langue de sable qui s'avance dans la mer, chemine une jeune fille. A sa robe un crabe s'est agrippé, dont une petite paysanne tente de la débarrasser. (Voir n° 233 une autre épreuve polychromée.)

Signée : Harunobu, yégaku.

Pl. 9. — H. 0^{m}255. — L. 0^{m}205. M. Jacquin.

61. Hashirakaké.

Jeune femme s'apprêtant à servir une tasse de thé. Sur la table, une lettre à elle adressée et qui porte comme suscription : « A Mademoiselle Ofuké ».

Signée : Harunobu.

Pl. 8. — H. 0^{m}650. — L. 0^{m}130. M. Raphael Collin.

62. Hashirakaké.

Jeune femme regardant un pot d'œillets. Elle arrange d'une main son épingle à cheveux et tient de l'autre un éventail fleuri d'iris.

Signée : Suzuki Harunobu, yégaku.

H. 0^{m}705. — L. 0^{m}130. M. Rouart.

63. Hashirakaké. Bistre à rehauts rouges.

Courtisane à qui sa kamuro remet un message d'amour.

Signée : Suzuki Harunobu, yégaku.

H. 0^{m}655. — L. 0^{m}120. M. Vignier.

64. Hashirakaké. Bistre à rehauts rouges.

Dans le ciel, le dieu du vent Kazé no Kami, qui tient une lettre arrachée des mains d'une jeune femme qu'on voit cheminant. Auprès du dieu, un écriteau où il est dit : « A partir d'aujourd'hui nous nous reposerons. » Le vent d'été, au Japon, n'ayant évidemment pas d'autre objet que de voler leurs lettres aux amoureux, Kazé no Kami nous avertit qu'après avoir beaucoup soufflé pendant les premiers jours d'août, il a fait ample moisson de billets doux, et que, très occupé à les lire, il se tiendra coi désormais.

Signée : Harunobu, yégaku.

Rep. Cat. Happer, n° 214.

Pl. 8. — H. 0^{m}685. — L. 0^{m}130. M. Mutiaux.

2° ESTAMPES NON SIGNÉES

65. Chuban. Bistre rehaussé.

Une jeune fille regarde ce qu'emporte le vent.

Datée : 2e année de Meiwa (1765).

Rep. Lemoisne, *Gazette des Beaux-Arts*, 1910, t. I, p. 181.

Pl. 10. — H. 0^{m}230. — L. 0^{m}175. M. Bing.

66. Chuban.

Scène nocturne. Jeune femme sur sa véranda, éclairant avec sa lanterne un prunier en fleurs.

Pl. 9. — H. 0m300. — L. 0m210. M. Bullier.

67. Chuban.

Le pique-nique interrompu.

Trois jeunes filles goûtaient sous un érable quand la pluie vint à tomber. Vivement, elles s'abritent sous une couverture, et, dans leur précipitation, renversent la bouteille de saké.

Rep. Cat. Hayashi, nº 377, et Kurth, fig. 26.

H. 0m200. — L. 0m280. Mme Raoul Duval.

68. Chuban.

Avant d'aller prier au temple shintoïste, une dame se lave les mains dans l'eau d'un bassin qu'ombragent des cryptomérias.

H. 0m275. — L. 0m210. M. Chialiva.

69. Chuban.

A travers une baie circulaire, on voit une blanchisseuse.

H. 0m255. — L. 0m185. M. Vever.

70. Chuban.

A la porte d'une maison rustique, une jeune fille qui tient une gerbe de fleurs de yamabuki (sorte de roses jaunes).

Cette estampe doit être la moitié d'un diptyque.

Sur l'autre feuille on verrait un jeune homme nommé Ota Dokwan. Ota Dokwan, célèbre architecte, est fréquemment représenté parlant, sous une pluie battante, à une jeune fille qui lui présente des fleurs, allusion à l'anecdote suivante : un jour de pluie, complètement trempé, il se réfugia dans une humble auberge, et là, il demanda à la servante de lui prêter un manteau de paille. Or, celle-ci lui apporta, sur un éventail, une branche de yamabuki. La méprise provenait d'un jeu de mots intraduisible. Manteau de paille se dit mino, et un poème bien connu déplore que la fleur de yamabuki ne porte pas de graines (mino également).

H. 0m270. — L. 0m200. M. Haviland.

71. Chuban.

Auprès d'un écran, sur lequel est peint le Fuji, une jeune femme est assise : elle figure le prêtre Saïgio.

H. 0m275. — L. 0m195. Mme Langweil.

72. Chuban (bistre à rehauts jaunes).

Une Shirabiyoshi est indolemment assise dans un bateau, son tambourin auprès d'elle. Elle contemple l'eau qui coule.

Représentation populaire de « Asazuma buné », qui est une allusion au bateau où, en compagnie de sa maîtresse, le Shogun Iétsuna (1639-1680) aimait à fuir les soucis du gouvernement.

Pl. 9. — Rep. *Musées et monuments de France*, 1910, p. 9.

H. 0m280. — L. 0m205. M. Haviland.

73. Chuban (bistre à rehauts verts).

Jeune femme représentant Ono no Tofu (voir nº 39).

H. 0m275. — L. 0m205. M. Haviland.

74. Chuban (bistre à rehauts rouges).

Jeune fille regardant une pièce de feu d'artifice placée sur une planche flottant sur la rivière Kama, à Kyoto.

H. 0m195. — L. 0m185. M. Vever.

75. Chuban (bistre rehaussé de brun rouge).

Jeune femme figurant un Yéji (voir nº 23) et recevant un tanzaku d'une dame de la cour.

H. 0m280. — L. 0m205. M. Mutiaux.

76. Chuban (bistre à rehauts de rouge et de violet).

Couple d'amoureux lisant une lettre. Le jeune homme a le corps enfermé dans un *kosatsu* (sorte de boîte à fumigation chauffée au charbon et couverte d'un matelas), sur lequel est assise son amie. Par une baie ronde, on voit des pins couverts de neige.

H. 0m265. — L. 0m205. M. Mutiaux.

77. Chuban (bistre à rehauts rouges et violets).

Minamoto no Yoritomo contraint à danser Shizuka, la maîtresse de son jeune frère Yoshitsuné.

Calendrier de la 2e année de Meiwa (1765).

Rep. Cat. Hayashi, nº 370 (épreuve signée Kiosen).

H. 0m230. — L. 0m325. M. Haviland.

78. Chuban (bistre à rehauts rouges, violets et gris).

L'empereur chinois Genso (Ming Hwang, de la dynastie Tang) regarde des dames de la cour jouant le sugoroku. La scène se passe dans une salle du palais impérial, dallée de grands carrés de marbre, décorés de karakusa (arabesques).

Pl. 11. — Rep. Kurth, fig. 9, et Strauss-Negbauer, nº 85; attribuée par Kurth à Shochoken, par comparaison avec Hayashi, nº 412 (rep.).

H. 0m230. — L. 0m250. M. Vever.

3º ESTAMPES PORTANT DES NOMS DIVERS

79. Chuban.

Les seins nus, une jeune femme se coiffe.

Datée sur l'obi : 2e année de Meiwa (1765).

Signée : Josei Sanjin Kiosen.

Pl. 29. — H. 0m255. — L. 0m185 M. Bing.

80. Chuban (bistre à rehauts de rouge brique et de rose).

Se protégeant le visage du soleil avec son éventail, une jeune fille va à l'école de couture. Une servante l'accompagne.

Signée : Kiosen.

Pl. 10. — Une épreuve polychrome (nº 173) est signée Harunobu.

H. 0m265. — L. 0m205. M. Vever.

81. Chuban.

Jeune fille regardant son petit frère qui essaye de laver un cahier taché d'encre. Représentation populaire de la poétesse Ono no Komachi, effaçant de son manuscrit de poèmes de mauvais vers qu'un rival jaloux y avait insérés.

Datée : 2e année de Meiwa (1765).

Signée : Goro, ko.

Pl. 30. — H. 0m280. — L. 0m205. M. Kœchlin.

82. Chuban.

Deux jeunes filles s'amusent à faire flotter un minuscule batelet dans la pièce d'eau du jardin. L'une d'elles pousse l'esquif avec une longue pipe, tandis que l'autre — il commence à pleuvoir — s'abrite sous son ombrelle.

Datée : 3e année de Meiwa (1766).

Dans le coin supérieur de droite, on voit un petit cartouche avec une ombrelle et deux tanzaku, qui signifient que la poétesse Ono no Komachi a prié pour que tombe la pluie.

Estampe de la série des « Nana Komachi » (Cf. 202).

Signée : Nenro, ko.

Pl. 30. — H. 0m285. — L. 0m205. M. Haviland.

83. Chuban (bistre à rehauts verts et gris).

Jeune prince, qu'une dame dissimulée derrière les shoji, et de qui l'on ne voit que la main, attire doucement près d'elle. C'est Minamoto no Ushiwakamaru qui entre dans la chambre de Joruri-himé.

Signée : Kiosen Renju Kogan, ko (Kogan, élève de Kiosen).

Rep. Cat. Hayashi, n° 411 (datée 1765).

H. 0m250. — L. 0m180. M. Vignier.

84. Chuban (bistre à rehauts de vert).

Kinko Sennin, représenté par une courtisane.

Signée : Tomoyuki, ko (?).

Gravée par Sékiné Kakei.

H. 0m205. — L. 0m280. M. Vever.

ESTAMPES TIRÉES EN GRIS

AVEC ADJONCTION DE BISTRE REHAUSSÉ

85. Hosoyé.

Par une nuit d'orage, Taïra no Tadamori ayant vu errer dans les jardins du Temple Gion, à Kyoto, un monstre au poil hérissé et crachant des flammes, se précipita sur lui et le saisit à bras le corps. Il s'aperçut alors que le monstre n'était qu'un vieux moine en train de remplir d'huile les lanternes, et dont l'aspect épouvantable provenait de son chapeau et de son manteau de paille loqueteux, et d'une torche allumée que le vent soufflait.

Signée : Harunobu, yégaku.

M. Kurth a reproduit deux pièces de ce type, fig. 5 et 6.

H. 0m300. — L. 0m140. M. Vignier.

86. Hosoyé.

Sur un petit pont en dos d'âne, son immense ombrelle ouverte abritant son dos, un Jicho — serviteur attaché à la cour de l'Empereur — contemple une cascade.

Non signée.

Pl. 8. — H. 0m305. — L. 0m135. M. Vever.

87. Hosoyé.

Le vieux couple Jo et Uba, saluant le lever du soleil à Takasago.

Non signée.

Publiée par Nishimiyé.

H. 0m270. — L. 0m130. M. Vever.

TRANSITION

DÉBUTS DE LA POLYCHROMIE

1° ESTAMPES SIGNÉES HARUNOBU

88. Chuban. En tons neutres (gaufrages).

Dans une chambre de Yoshiwara, une courtisane aide un jeune homme à se vêtir.

Datée : 2e année de Meiwa (1765).

Signée : artiste, Suzuki Harunobu; graveur, Yendo Goyen; imprimeur, Yumoto Yukiyé.

H. 0m280. — L. 0m205. M. Haviland.

89. Chuban (jaune avec addition de rouge et de vert).

Jeune fille lisant à une compagne la lettre de son amoureux. Transposition populaire du sujet des deux sennin Kanzan et Jittoku.

Signée : Suzuki Harunobu.

H. 0m275. — L. 0m210. M. Manzi.

90. Chuban.

Même estampe que ci-dessus.

H. 0m270. — L. 0m200. M. Jacquin.

91. Chuban.

Jeune homme cajolant une servante de chaya, qui va lui servir une tasse de thé.

Signée : Suzuki Harunobu, yégaku.

H. 0m270. — L. 0m195. M. Ducoté.

92. Chuban.

Un jour de printemps, deux jeunes femmes cueillent dans un pré les nanagusa (sept herbes). Un coq faisan appelle sa femelle. Illustration populaire d'un poème de Chunagon Yakamochi.

Signée : Harunobu, yégaku.

H. 0m265. — L. 0m205. M. Rivière.

93. Chuban.

Couple d'amoureux se promenant par un jour de printemps. Ils se sont arrêtés sous un prunier en fleurs et le jeune homme arrange la sandale de son amie. Illustration en style populaire d'un poème de Mibu no Tadami sur le sujet d'une journée de printemps.

Signée : Harunobu, yégaku.

H. 0m265. — L. 0m205. M. Rivière.

94. Chuban.

Dans son cabinet de travail, un jeune homme s'apprête à écrire un poème sur la mélancolie d'un jour d'automne. Représentation en style populaire d'un Chinois connu par sa sagesse et son savoir : Shokatsu Komei, qui devint un général fameux.

Cette estampe est la partie gauche d'un diptyque que complète l'estampe qui suit.

Signée : Suzuki Harunobu.

H. 0m280. — L. 0m200. M. Mutiaux.

95. Chuban.

Cette estampe forme diptyque avec la précédente.

Elle est censée représenter l'empereur Gentoku (Lui-Pei), qui vient en plein hiver demander à Komei de lui servir de conseiller. En style populaire, Gentoku est ici une jeune femme vêtue en homme, qu'accompagne une servante portant une large ombrelle.

H. 0m270. — L. 0m200. Mme Langweil.

96. Chuban.

Hatsukoï : Premier amour.

Au matin d'un jour de l'an deux jeunes amoureux tirent de l'eau du puits.

Signée : Suzuki Harunobu, yégaku.

H. 0m280. — L. 0m210. M. Rouart.

97. Chuban.

Dans un jardin fleuri d'iris, deux amoureux sont assis sur un siège de bambou et jouent ensemble du shamisen.

Signée : Suzuki Harunobu, yégaku.

Rep. *Japon artistique*, t. V, BHE.

H. 0m245. — L. 0m185. M. Bullier.

98. Chuban.

Jeune femme assise sur sa véranda, après le bain, et se coupant les ongles des orteils. Un coq la regarde.

Signée : Harunobu.

Rep. Lemoisne, *Gazette des Beaux-Arts*, 1910, t. I, p. 180.

Pl. 12. — H. 0m265. — L. 0m190. M. Bullier.

99. Chuban.

Jeune homme prenant congé de son amie, qui insiste pour le retenir.

Signée : Harunobu, yégaku.

H. 0m275. — L. 0m210. M. Haviland.

100. Chuban.

Sur la grève, par un jour neigeux, une dame qui s'abrite de son ombrelle et dont la servante gratte la géta avec un éventail. Dans le fond, la mer et un bateau.

Signée : Suzuki Harunobu, yégaku.

H. 0m270. — Larg., 0m205. M. Bullier.

101. Chuban.

Au crépuscule, une dame de la cour, debout sur la véranda, regarde son jardin. Un chat, auprès d'elle, joue avec sa robe.

Signée : Harunobu, yégaku.

H. 0m265. — L. 0m205. M. Mutiaux.

102. Chuban (en quatre tons).

Tandis qu'un jeune homme maintient le bois de l'arc, deux jeunes filles essayent en vain de tirer sur la corde. Allusion à l'arc fameux dont Minamoto no Tamétomo se servait à Onigashima (Ile des Diables), et que trois hommes pouvaient à peine bander.

Signée : Suzuki Harunobu.

H. 0m275. — L. 0m200. M. Haviland.

103. Chuban (en quatre tons).

Portrait d'une courtisane, à qui sa petite kamuro apporte une réponse à un message.

Signée : Harunobu, yégaku.

H. 0m275. — L. 0m205. M. du Pré de Saint-Maur.

104. Chuban (jaune avec adjonction de rouge, de gris et de gaufrages).

Jeune femme debout dans un bateau et pêchant à la ligne. Assise auprès d'elle, sa compagne regarde la rive de la Sumida.

De la série des Yédo Hakkei (huit vues de Yédo).

Signée : Harunobu, yégaku.

Pl. 12. — H. 0m255. — L. 0m200. M. Decoté.

105. Chuban.

Geisha débarquant à Komagata. Son hakoya (domestique) qui l'accompagne porte une lanterne et la boîte au shamisen.

De la série des Yédo Hakkei (huit vues de Yédo).

Signée : Harunobu, yégaku.

H. 0m290. — L. 0m210. M. Le Veel.

106. Oban.

Courtisane accompagnée de ses deux kamuro.

Signée : Suzuki Harunobu, yégaku.

Pl. 11. — H. 0m355. — L. 0m245. M. Vignier.

107. Oban.

Assis dans une chaya, « la maison où il fait bon rester », un jeune homme à qui la servante va servir une tasse de thé.

Signée : Harunobu, yégaku.

H. 0m340. — L. 0m260. M. Vignier.

108. Hashirakaké.

Jeune femme enseignant à son chien à « faire le beau ».

Signée : Suzuki Harunobu, yégaku.

H. 0m550. — L. 0m130. M. Raphael Collin.

109. Hashirakaké (noir et blanc).

Jeune femme assise sur sa véranda. Elle se complaît à regarder au loin un village de pêcheur. Illustration en style populaire d'un poème de Chunagon Sada-iyé.

Épreuve d'essai où l'on voit, à droite, en réserve de blanc sur noir, les encoches du bois qui servent au repérage.

Signée : Suzuki Harunobu, yégaku.

H. 0m745. — L. 0m135. M. Haviland.

110. Hashirakaké.

Paysage chinois. Au premier plan, dans une crique, des bateaux. Puis des superpositions de moraines neigeuses, au sommet desquelles s'érige, parmi des sapins, un temple. Sur le fond noir du ciel, plus qu'au trois quarts cachée sous des nuages, la lune.

Signée : Harunobu.

Pl. 10. — H. 0m625. — L. 0m110. M. Kœchlin.

2° ESTAMPES NON SIGNÉES

111. Chuban.

Sur la véranda, une jeune femme est assise, qui tient à la main un bol d'où s'échappe un dragon. Représentation, en style populaire, du Rakan Handaka Sonja.

Datée sur l'obi : 2e année de Meiwa (1765).

H. 0m285. — L. 0m210. M. HAVILAND.

112. Chuban.

Jeune femme prête à se mettre dans son lit, que couvre une moustiquaire. Auprès d'elle, une lanterne et un éventail.

Sur l'éventail, la date : 2e Meiwa (1765).

H. 0m280. — L. 0m210. M. HAVILAND.

113. Chuban (en jaune, rouge et vert).

Jeune homme et jeune fille dansant la danse Suyéhiro, qui est une danse de Nô comique (Kyogen).

Cette estampe est un calendrier de la 2e année de Meiwa (1765).

H. 0m265. — L. 0m185. M. RAPHAEL COLLIN.

114. Chuban.

Jeune femme assise sur un banc au bord de la rivière, et goûtant le charme d'un soir d'été ; on voit la forme de son corps nu sous ses vêtements transparents.

Rep. *Japon artistique*, t. II, FJ. La figure est bistrée et le fond vert ; datée 1765.

H. 0m265. — L. 0m205. M. KŒCHLIN.

115. Chuban (jaune, gris et violet).

Par-dessus le mur, une branche de prunier toute fleurie s'offre tentante. Pour la cueillir, une jeune fille se juche sur le dos de sa servante.

Pl. 12. — H. 0m280. — L. 0m205. M. HAVILAND.

116. Chuban.

Jeune femme debout sur la véranda, et qu'un personnage, dont on ne voit que le bras, tire par son kimono d'une façon si indiscrète qu'il lui découvre les jambes.

H. 0m275. — L. 0m205. M. RAPHAEL COLLIN.

117. Chuban.

Ono no Tofu, un des trois calligraphes célèbres du Japon, représenté ici sous les traits d'une jeune femme qui, au bord d'un étang, observe les patientes tentatives que fait une grenouille pour atteindre en sautant à une branche de saule. Allusion à un épisode connu de la vie de Ono no Tofu, qui florissait au xe siècle. Après de vaines tentatives pour obtenir un rang plus élevé à la cour, il songeait à se retirer quand il vit le spectacle imagé par l'estampe : une grenouille se reprenant jusqu'à sept fois pour atteindre au but qu'elle se proposait. Encouragé par cet exemple que les dieux lui offraient, il persévéra et obtint le poste qu'il briguait. Il devint plus tard ministre des empereurs Shujaku et Murakami.

La même estampe se rencontre signée Kwakushi, voir no 125.

Pl. 27. — H. 0m265. — L. 0m195. M. DU PRÉ DE SAINT-MAUR.

118. Chuban.

Jeune femme arrangeant sa ceinture, près du banc, au bord d'un ruisseau. C'est un soir d'été.

H. 0m270. — L. 0m200. M. HAVILAND.

119. Chuban.

Un couple d'amants en costume de cour. Ils sont assis et tendrement s'embrassent. Frontispice (kuchiyé) d'un album shungwa.

H. 0m195. — L. 0m175. M. RAPHAEL COLLIN

3° ESTAMPES PORTANT DES NOMS DIVERS

120. Chuban, de grand format.

Taïra no Kiyomari, avec deux dames auprès de lui, regardant danser Tokiwa (la mère de Minamoto no Yoritomo).

Datée : 2e Meiwa (1765).

Signée : Kiosen, ko.

Rep. Cat. Hayashi, no 370, mais sans signature.

H. 0m210. — L. 0m310. M. BULLIER.

121. Chuban.

Jeune femme assise sur la véranda, vêtue de son peignoir de bain. Une servante la masse.

Signée : Kiosen.

H. 0m285. — L. 0m205. M. MANZI.

122. Chuban.

Le même sujet, tiré en bistre à rehauts, comme la précédente.

H. 0m280. — L. 0m205. M. MANZI.

123. Koban, petit format. En trois tons (gris, jaune, vert).

Lavandière mettant à sécher son linge.

Signée : Kiosen mosha (copiée par Kiosen), d'après le dessin de Jitokuso.

Gravée par Oyuanshu Kiyu.

Pl. 29. — H. 0m225. — L. 0m145. M. HAVILAND.

124 — Koban. Trois tons (jaune, gris et vert).

Monju Bosatsu, figuré par la courtisane Yéguchi no Kimi, assise sur le dos d'un éléphant.

Datée sur l'obi : 2e Meiwa (1765).

Signée : Komatsu, yégaku.

Pl. 29. — H. 0m185. — L. 0m165. M. HAVILAND.

125. Chuban.

Même estampe que 117.

Signée, en réserve de blanc sur le fond gris du terrain : Kwakushi, ko.

H. 0m275. — L. 0m195. M. DE CAMONDO.

126. Chuban. Deux tons (violet et jaune, gaufrages).

La sennin Kosenko, représentée par une jeune femme assise sur le dos d'une oie sauvage en plein vol.

Signée : Shibo, ko. Cachet Hogetsu.

Pl. 28. — H. 0m185. — L. 0m255. M. HAVILAND.

POLYCHROMIE

Format Hosoyé.

127. Hosoyé (grand format).

Jeune homme cheminant, par une nuit noire et pluvieuse, portant une lanterne et une ombelle.

De la série Utaï Hakkei ou Huit scènes des plus fameuses danses de Nô.

Signée : Suzuki Harunobu, yégaku.

H. 0m385. — L. 0m195. M. Vever.

128. Hosoyé.

Deux jeunes filles représentant, l'aînée Matsukazé et l'autre Murasamé, dans une danse de Nô nommée Matsukézé.

La première des jeunes filles tient une coiffure et un costume de cour qui lui ont été laissés en souvenir par Chunagon Yukihiré.

De la série Furyu Utaï Hakkei.

Signée : Suzuki Harunobu, yégaku.

H. 0m295. — L. 0m140. M. Mutiaux.

128 *bis*. Hosoyé.

L'acteur Ishikawa Danjuro, dans le rôle de Soga no Goro. Il est vêtu d'un costume de cour (***suho-daïmon***), et porte un sabre d'excessive grandeur.

Pl. 27. — H. 0m300. — L. 0m140. M. Vignier.

POLYCHROMIE

Format Chuban.

1° ESTAMPES SIGNÉES HARUNOBU

129. Chuban.

Jeune femme sous un pêcher. Elle porte à la main une branche de l'arbre couverte de fleurs et de fruits.

Signée : Suzuki Harunobu, yégaku.

H. 0m295. — L. 0m200. M. Manzi.

130. Chuban.

Deux jeunes femmes, en costume de yéji (jardiniers du palais impérial). Elles sont occupées à chauffer du saké dans une bouilloire, sur un feu de feuilles d'érables sèches.

Illustration d'un poème des cent poésies, intitulé : *Kinkan ni Koyo.*

Signée : Harunobu.

Pl. 12. — H. 0m260. — L. 0m205. M. du Pré de Saint-Maur.

131. Chuban.

Une jeune femme, allongée sur le plancher, s'est endormie en lisant. Ce gracieux spectacle charme tellement Hotei, qui est représenté sur un kakémono pendu sur le Tokonoma, que le dieu hilare s'évade de la peinture, en y oubliant son sac, et vient porter une main impudique sur la belle dormeuse.

On peut aussi interpréter cette scène en supposant que la peinture était si parfaite que le dieu, tenté par la jeune beauté offerte, a pris vie.

Rep. Waida, n° 43.

H. 0m265. — L. 0m200. M. Raphael Collin.

132. Chuban.

Le même sujet.

Signée en réserve de blanc sur le rose oxydé de la terrasse : Harunobu, yégaku.

H. 0m285. — L. 0m210. M. Manzi.

133. Chuban.

Même estampe, mais en polychromie, que celle n° 23, tirée en bistre.

Quelques variantes. Dans celle-ci, le décor de l'obi, une grecque sur fond noir, remplace les chiffres encadrés par des losanges, qui se trouvaient dans l'autre.

H. 0m250. — L. 0m170. Mme P. Giron.

134. Chuban.

Courtisane lisant une lettre, assise sur le dos d'une carpe.

Figuration populaire de Kinko Sennin.

Signée : Harunobu, yégaku.

H. 0m275. — L. 0m205. M. Salomon.

135. Chuban.

Courtisane qui, pour un moment, a quitté ses compagnons de fête et est venue seule, sur la véranda, respirer l'air frais du soir. A travers les shoji, on voit dans la maison des gens chantant et dansant.

Signée : Harunobu, yégaku.

H. 0m285. — L. 0m215. M. Manzi.

136. Chuban.

Sur la terrasse, une courtisane et sa servante. Au loin, le soleil se couche sur des marais salants.

Signée : Harunobu, yégaku.

H. 0m205. — L. 0m270. M. Vever.

137. Chuban.

Après le bain, une jeune femme, buste nu, prend le frais sur sa terrasse. Elle contemple, dans le ruisseau qui coule auprès de la maison, les iris en fleurs.

Signée : Suzuki Harunobu, yégaku.

Rep. Gookin, n° 145, et Migeon, n° 101, pl. 19.

H. 0m255. — L. 0m190. M. Vever.

138. Chuban.

A l'heure du bœuf (2 heures du matin), la femme jalouse Ushi no Toki Maïré s'est introduite dans un temple shintoïste. Et là, dans le tronc d'un cèdre, elle plante un long clou, afin que son trop volage amant meure ou tombe gravement malade.

Signée : Suzuki Harunobu, yégaku.

Sékiné Kakei, graveur.

H. 0m255. — L. 0m205. M. Vever.

139. Chuban.

Sur la terrasse de la maison, deux jeunes filles : l'une, le torse nu, se lavant les cheveux ; l'autre se peignant.

Signée : Suzuki Harunobu, yégaku.

Rep. Cat. Hayashi, n° 391.

Pl. 14. — H. 0m275. — L. 0m205. M. Vever.

140. Chuban.

Jeune fille dansant la danse Sambaso. Son costume n'est pas strictement rituel. Elle devrait agiter un éventail et non une marotte; son masque devrait être celui d'Okina, et sur sa coiffure devrait apparaître le disque rouge du soleil.

Signée : Suzuki Harunobu, yégaku.

Pl. 14. — H. 0^{m}255. — L. 0^{m}195. M. Vever.

141. Chuban.

D'une langue de terre, où poussent des touffes de hagi, un jeune homme et une jeune femme regardent le reflet de la lune sur la Tamagawa.

De la série des six Tamagawa. (Cf. 57, 58, 225).

Signée : Suzuki Harunobu, yégaku.

H. 0^{m}275. — L. 0^{m}205. M. Vever.

142. Chuban, petit format.

Jeune fille dansant la danse Shakkyo. Le décor du fond représente, sur un ciel bleu, des pivoines surgissant de nuages.

De la série Imayo Odori Hakkei (huit danses célèbres).

Signée : Suzuki Harunobu, yégaku.

H. 0^{m}225. — L. 0^{m}160. M. Vever.

143. Chuban, petit format.

Jeune homme dansant la danse Sukéroku (danse populaire évoquant la pluie durant la nuit). Le décor du fond représente les toits de chaume d'un hameau sous l'averse.

Même série que ci-dessus.

Signée : Harunobu, yégaku.

Pl. 13 (en couleurs). — H. 0^{m}225. — L. 0^{m}160. M. Vever.

144. Chuban, petit format.

Jeune fille dansant la danse Dojoji. Elle est coiffée d'un éboshi jaune et tape à deux baguettes sur son tsutsumi. Le décor du fond montre un prunier et une cloche sur le bleu du ciel.

Même série que ci-dessus.

Signée : Suzuki Harunobu, yégaku.

H. 0^{m}225. — L. 0^{m}160. M. Vever.

145. Diptyque Chuban.

Jeune femme courant nu-pieds sur un brise-lame, pour rapporter à un jeune homme, qui chevauche sur un pont, l'éventail qu'il a jeté dans l'eau. Transposition populaire de la scène connue de Kosékiko et de Choryo.

Signée : Suzuki Harunobu, yégaku.

Pl. 14. — H. 0^{m}285. — L. 0^{m}440. M. Vever.

146. Chuban.

Par un lumineux jour de printemps, une jeune femme joue à projeter sur le sol et sur le mur l'ombre de son parasol.

Une des rares estampes où un artiste japonais ait observé l'ombre portée.

Signée : Suzuki Harunobu, yégaku.

Signée : Rokio, ko.

Gravée par Sékiné Kakei.

H. 0^{m}295. — L. 0^{m}215. M. Vever.

147. Chuban.

Dans une salle d'exhibition du Yoshiwara, des courtisanes sont assises. Maints quidams les regardent, de la rue, par les baies ouvertes.

Signée : Harunobu, yégaku.

Pl. 15. — H. 0^{m}325. — L. 0^{m}255. M. Vever.

148. Chuban.

Assise sur un banc, Kagiya O'Sen cause avec un jeune marchand d'écrans. Ces écrans sont décorés de scènes de théâtre, de portraits et de *mon* d'acteurs. Deux sont signés, un Buncho, l'autre Shuncho.

Signée : Harunobu, yégaku.

Rep. Ikéda, n° 89.

Pl. 15. — H. 0^{m}265. — L. 0^{m}205. M. Vever.

149. Chuban.

Jeune homme, juché sur une échelle et coupant une branche fleurie de prunier, pour l'offrir à son amie.

Signée : Suzuki Harunobu, yégaku.

H. 0^{m}280. — L. 0^{m}205. M. Rouart.

150. Chuban.

A Ishiyamadéra, la poétesse Murasaki Shikibu, pensivement assise à sa table, écrit le Genji Monogatari, poème célèbre, en cinquante-quatre chants.

Dans le lointain, on voit des pêcheurs qui jettent leurs filets dans le lac Biwa.

Signée : Harunobu, yégaku.

H. 0^{m}265. — L. 0^{m}190. M. Mutiaux.

151. Chuban (de petite dimension).

Deux jeunes filles, dans un jardin, admirent la floraison des pruniers.

Estampe tirée sur soie.

Signée : Harunobu, yégaku.

Plusieurs tirages de ce genre sont cités, Kurth, fig. 7 (appartenant au musée de Berlin), et Blondeau, n° 17, pl. VII.

H. 0^{m}195. — L. 0^{m}190. M. Vever.

152. Chuban.

Jeune femme, en capuchon noir, rentrant à la maison, accompagnée d'un petit serviteur qui porte à la main et dans sa hotte toutes les emplettes que sa maîtresse a faites en vue du jour de l'an.

Signée : Suzuki Harunobu, yégaku.

H. 0^{m}275. — L. 0^{m}215. M. Haviland.

153. Chuban.

Deux amoureux, par un soir d'été, sont assis sur un banc de jardin, au bord de la rivière. Ils jouent à deux du kokyu, qui est une sorte de shamisen à archet.

Signée : Suzuki Harunobu, yégaku.

Pl. 15. — H. 0^{m}265. — L. 0^{m}175. M. Haviland.

154. Chuban.

Jeune femme à qui sa petite servante montre un kakémono sur lequel est peint, par Okumura Masanobu, un homme portant une lanterne. (Masanobu mourut en 1768 ; l'estampe est sans doute postérieure.)

Signée : Harunobu, yégaku.

Rep. Kurth, fig. 40.

H. 0m280. — L. 0m215. M. HAVILAND.

155. Chuban.

Jeune fille courant sur un pont pour échapper à l'orage. Dans le ciel, parmi de lourds nuages noirs, on voit les tambours du dieu du tonnerre.

Estampe dont la polychromie évoque celle de Koriusaï.

Signée : Harunobu, yégaku.

H. 0m270. — L. 0m205. M. HAVILAND.

156. Chuban (gaufrages).

Une jeune dame assise dans un kago, sous les cerisiers fleuris. Sa servante lui tend une mèche allumée pour sa pipe.

Signée : Suzuki Harunobu, yégaku.

H. 0m275. — L. 0m200. M. HAVILAND.

157. Chuban (gaufrages).

Avant de se coucher, une courtisane, en son kimono de nuit blanc, écarte un paravent et voit, au seuil de la chambre, sa kamuro endormie.

Signée : Suzuki Harunobu, yégaku.

H. 0m265. — L. 0m195. M. HAVILAND.

158. Chuban (gaufrages).

Shiwokumi : Porteuse d'eau, que deux grues escortent.

Signée : Suzuki Harunobu, yégaku.

Pl. 15. — H. 0m285. — L. 0m210. M. HAVILAND.

159. Chuban (gaufrages).

Un jeune komuso, en kimono blanc doublé de noir, parlant à deux jeunes filles, qui sont à la fenêtre de leur maison de campagne, auprès de laquelle court un ruisseau. C'est le mois de juin.

Signée : Suzuki Harunobu, yégaku.

H. 0m280. — L. 0m205. M. HAVILAND.

160. Chuban (gaufrages).

Moso, un des vingt-quatre exemples de piété filiale (Nijushiko), représenté par une jeune femme, au large chapeau, et qui marche sur un sol couvert de neige. Dans le fond, des rangées de bambous.

Non signée.

Rep. Gookin, nº 106.

H. 0m275. — L. 0m195. M. HAVILAND.

161. Chuban (gaufrages).

La même estampe que ci-dessus, dans un tirage différent.

Dans l'estampe précédente, la robe et la neige sont gaufrées. Dans celle-ci, la neige seule. La présente estampe est plus haute que la précédente et plus large, de chaque côté, d'un bambou.

L'estampe ci-dessus n'est pas signée. Celle-ci porte : Suzuki Harunobu, yégaku.

H. 0m345. — L. 0m215. M. MANZI.

162. Chuban.

Une veuve, assise dans la chaya Kagiya, joue du shamisen et déplore sa viduité par un chant approprié, cependant qu'une jeune fille lui arrange ses cheveux coupés.

Une veuve qui a coupé sa chevelure indique par là qu'elle ne veut pas se remarier.

Signée : Harunobu, yégaku.

H. 0m280. — L. 0m205. M. JACQUIN.

163. Chuban.

Jeune paysanne tirant de l'eau d'un puits. Auprès d'elle, un bambin pourchasse des moustiques à coups d'éventail.

Signée : Harunobu, yégaku.

H. 0m280. — L. 0m205. M. JACQUIN.

164. Chuban.

Deux dames se promenant dans un pré fleuri de graminées, par le vent d'automne.

Signée : Suzuki Harunobu, yégaku.

Rep. Gookin, nº 150.

Pl. 16. — H. 0m250. — L. 0m205. M. ROUART.

165. Chuban.

Roshi (Lao-Tszé, le fondateur du taoïsme), figuré par une jeune femme montée sur le dos d'un bœuf.

Signée : Suzuki Harunobu, yégaku.

H. 0m275. — L. 0m200. M. BING.

166. Chuban (gaufrages).

Jeune homme attirant dans la chambre son amie, qui s'attarde à regarder les fleurs de prunier. Elle se détache, toute de blanc vêtue, sur le fond noir de la nuit.

Signée : Harunobu, yégaku.

Pl. 17. — H. 0m270. — L. 0m205. M. MUTIAUX.

167. Chuban.

D'un tertre, une jeune fille saute dans un bateau, où l'attendent des amis.

Signée : Harunobu, yégaku.

H. 0m280. — L. 0m215. M. HAVILAND.

168. Chuban.

Même estampe que ci-dessus.

H. 0m275. — L. 0m205. M. MUTIAUX.

169. Chuban.

Jeune femme contemplant un cerisier en fleurs, cependant que sa compagne balaie les pétales tombés.

Allusion à un poème de Ki no Tsurayuki, où les fleurs qui s'effeuillent sont comparées à de la neige qui n'est pas froide, à de la neige que le ciel ignore.

Signée : Harunobu, yégaku.

H. 0m270. — L. 0m195. M. MUTIAUX.

170. Chuban.

Dans une barque, dont une jolie femme est la batelière, Daruma s'épile en se regardant dans le miroir de l'eau.

Signée : Suzuki Harunobu, yégaku.

Rep. Morrisson (1909), n° 52.

H. 0m275. — L. 0m205. M. Mutiaux.

171. Chuban.

Le septième jour de janvier, deux jeunes femmes cueillent dans un pré les Nanagusa, qui sont sept espèces d'herbes. Ces herbes seront cuites ensemble, selon des rites vénérables, et serviront à confectionner un dictame.

Signée : Suzuki Harunobu, yégaku.

H. 0m275. — L. 0m205. M. Jacquin.

172. Chuban.

L'empereur chinois Genso (de la dynastie des Tang) et sa concubine Yokihi. Ils sont figurés en style populaire par un couple d'amoureux assis sur un kotatsu et jouant de la flûte.

H. 0m250. — L. 0m185. M. Rouart.

173. Chuban.

Même estampe que 80.

La première était tirée en bistre rehaussé, et signée : Kiosen; celle-ci est polychrome et signée : Harunobu.

H. 0m285. — L. 0m210. M. Mutiaux.

174. Chuban.

Jeune mariée que plusieurs servantes aident à changer de robe.

Au début de la cérémonie du mariage, le marié et la mariée sont vêtus de blanc. Mais aussitôt qu'ils ont consacré leur union par l'échange rituel des coupes à saké, la jeune épouse revêt une robe de couleur vive. Elle accomplit ainsi le Ironaoshi (changement de couleur de robe). Cette coutume n'est plus guère observée que chez les familles aisées qui ont conservé les traditions anciennes.

Fait partie de la série dite du « mariage ».

Signée : Harunobu, yégaku.

Rep. Blondeau, n° 16 E (pl. VI), ainsi que les autres pièces de la série.

H. 0m220. — L. 0m285. M. Kœchlin.

175. Chuban.

Couple d'amoureux se promenant dans un jardin fleuri d'iris. Le jeune homme rattache ses sandales.

Signée : Harunobu, yégaku.

H. 0m290. — L. 0m210. M. Marteau.

176. Chuban.

Jeune femme et fillette, prenant le frais, par un soir d'été. Elles sont assises sur un banc planté dans le lit même de la rivière Kamo, à Kyoto. Elles regardent un petit feu d'artifice qui étincelle sur un plateau de bois courant au fil de l'eau.

Auprès d'elles, rafraîchissent des melons dans un filet.

Sur une lanterne carrée, on lit le nom « Iséya », qui est celui de la chaya établie sur la rivière.

Signée : Suzuki Harunobu, yégaku.

H. 0m275. — L. 0m210. M. Mutiaux.

177. Chuban.

Même estampe que ci-dessus.

H. 0m270. — L. 0m190. M. Rouart.

178. Chuban.

Curieuse, une courtisane charge sa kamuro de lui montrer, par le jeu d'un miroir, le visage d'un komuso, que recouvre son grand chapeau.

Signée : Suzuki Harunobu, yégaku.

H. 0m275. — L. 0m205. M. Doucet.

179. Chuban.

Même estampe que ci-dessus, mais très rognée.

H. 0m190. — L. 0m165. Mme Langweil.

180. Chuban.

Marchand d'éventails.

Les éventails qu'il vend sont illustrés de fleurs et d'oiseaux, de scènes de théâtre. On y remarque aussi deux sujets d'estampes, traités par Harunobu, de la série des Komachi, et qui sont décrites dans le présent catalogue sous les nos 82 et 202.

Signée : Suzuki Harunobu, yégaku.

H. 0m260. — L. 0m195. M. Haviland.

181. Chuban.

Jeune femme dansant la danse Sambaso.

Signée : Harunobu, yégaku.

H. 0m280. — L. 0m215. M. Manzi.

182. Chuban.

Par un soir d'automne, une jeune femme, près de sa terrasse, contemple le paysage lunaire. Elle pense à son époux qui voyage au loin.

Illustration d'un poème de Minamoto no Nobuaki-Ason.

Signée : Harunobu, yégaku.

H. 0m265. — L. 0m200. M. Manzi.

183. Chuban.

Même estampe que ci-dessus.

H. 0m280. — L. 0m210. M. Mutiaux.

184. Chuban.

Jeune pêcheur à la recherche d'algues comestibles. Il contemple des grues.

Illustration populaire d'un poème de Fujiwara no Kiyomasa, sur le vol des grues.

Signée : Harunobu, yégaku.

H. 0m280. — L. 0m205. M. Haviland.

185. Chuban.

Même estampe que ci-dessus.

H. 0m260. — L. 0m190. M. Le Vêel.

186. Chuban.

Loisirs de deux geisha, par un jour d'automne. L'une lit une lettre. L'autre est paresseusement allongée, son shamisen auprès d'elle.

Par la baie ouverte, on voit des brèches volant sur la rivière.

Signée : Suzuki Harunobu, yégaku.

H. 0m265. — L. 0m195. M. Marteau.

187. Chuban.

Une jeune femme nue, sous son kimono très ouvert, va prendre un bain. Elle regarde son enfant qui s'amuse avec un jouet.

Signée : Suzuki Harunobu, yégaku.

Pl. 16. — H. 0m270. — L. 0m205. M. Marteau.

188. Chuban.

Partie de campagne. Un jeune homme cueille une aubergine qu'il offrira à son amie.

Signée : Harunobu, yégaku.

H. 0m270. — L. 0m205. M. Vever.

189. Chuban.

Même estampe que ci-dessus.

H. 0m280. — L. 0m215. M. Marteau.

190. Chuban.

Du haut du temple Gion, à Kyoto, par un jour de printemps, deux dames regardent la ville qui disparaît sous la floraison des pruniers.

Signé : Suzuki Harunobu, yégaku.

H. 0m265. — L. 0m200. Mme Langweil.

191. Chuban (rognée en hosoyé).

O'Fuji, une des beautés de l'époque, et la propriétaire de la maison de parfumerie Motoyanagiya, donnant à manger à un coq.

Signée : Harunobu, yégaku.

H. 0m275. — L. 0m130. Mme Langweil.

192. Chuban.

Deux nouveaux mariés s'apprêtant à se retirer à la fin de la cérémonie. Auprès du mari, une table basse portant les shochikubaï (le prunier, le bambou et le pin) et la tortue, qui sont les emblèmes d'une heureuse union.

Signée : Harunobu Kigwa (dessinée par jeu).
Ippitsusaï Buncho, yégaku.

Cette estampe est donc due à la collaboration de deux artistes. C'est Harunobu qui a dessiné la femme, Buncho l'homme.

Rep. Kurth, fig. 41.

H. 0m280. — L. 0m210. M. Portier.

193. Chuban (gaufrages).

Scène nocturne. Un jeune homme, grimpé sur une balustrade, coupe une branche fleurie de prunier qu'il veut offrir à son amie. Celle-ci, de sa manche, cache la lumière d'une lanterne de pierre, afin de n'être pas vue auprès de son galant.

Sur le fond noir, un ruisselet qui coule se dessine en blanc.

Signée : Harunobu, yégaku.

H. 0m280. — L. 0m210. M. Raphael Collin.

194. Chuban.

Jeune homme prenant congé de son amie, une oïran de la maison Ibarakiya.

Signée : Harunobu, yégaku.

H. 0m275. — L. 0m205. M. Bullier.

195. Chuban.

Le couple en noir et blanc. Sous la neige, deux amoureux, qu'abrite une ombrelle. L'homme est vêtu d'un kimono noir. La dame est en blanc. Au haut de l'estampe pendent les branches d'un saule.

Ce contraste de noir et de blanc est inspiré à l'artiste japonais par le Corbeau et le Héron, sujet qu'il a traité fréquemment.

Signée : Suzuki Harunobu.

Rep. *Japon artistique*, t. VI, CAA ; et Hayashi, n° 387.

Pl. 17. — H. 0m255. — L. 0m185. M. Bullier.

196. Chuban.

Même estampe que ci-dessus.

H. 0m255. — L. 0m190. M. Vever.

197. Chuban.

Dans une rue du Yoshiwara, la rue Edo-jo, une courtisane, à qui sa kamuro remet un message d'amour. Au coin de la rue, on voit des seaux pleins d'eau, en prévision d'un incendie.

Signée : Harunobu, yégaku.

H. 0m300. — L. 0m145. M. Vever.

198. Chuban.

Jeune femme aidant son ami à se dévêtir. De derrière les shoji une jalouse les regarde.

Signée : Suzuki Harunobu, yégaku.

Pl. 18. — H. 0m205. — L. 0m270. M. Le Véel.

199. Chuban.

Par une belle soirée d'été, deux jeunes femmes sur une terrasse se content leurs secrets.

Signée : Suzuki Harunobu, yégaku.

H. 0m265. — L. 0m200. M. Le Véel.

200. Chuban.

Courtisane arrangeant une lanterne avec un kanzashi (épingle à cheveux).

Signée : Harunobu, yégaku.

H. 0m275. — L. 0m200. M. Chialiva.

2e ESTAMPES NON SIGNÉES

201. Diptyque Chuban.

Jeune homme rendant visite à son amie. La jeune dame est à la porte du jardin, sur la planche qui traverse le ruisselet bordant la haie. Elle place sur un éventail une lettre pour son amoureux, que celui-ci va pareillement recevoir sur son éventail, selon l'ancienne étiquette, qui défendait qu'un objet fût transmis de la main à la main.

Derrière le jeune homme, un garçonnet qui porte une cage à lucioles en forme de carrosse.

Pl. 17. — H. $0^{m}265$. — L. $0^{m}405$. M. Haviland.

202. Hosoyé.

Bûcheronne de Ohara (village au nord de Kyoto) et son garçon se reposant sous un cèdre. Le bambin s'apprête à jeter un caillou sur un taon qu'on voit au haut du tronc de l'arbre.

De la série des Nana Komachi. (Cf. 82).

H. $0^{m}305$. — L. $0^{m}135$. M. Vignier.

203. Chuban Yokoyé.

Kikujido représenté par une jeune femme.

Kikujido (Keuh Tszé Tung) était un jeune Chinois, favori de l'empereur Muh Wang, qui, pour une faute légère, fut banni de la cour. Avant de le renvoyer, l'empereur, qui le regrettait, lui enseigna une sentence de Budha, idoine à lui assurer salut et longue vie. Keuh Tszé s'en fut en un val où fleurissaient à profusion des chrysanthèmes et, du matin au soir, il écrivait sur leurs pétales, de peur de les oublier, les caractères sacrés. La rosée, en les effaçant chaque matin, se transformait en substance d'éternelle jeunesse.

Kikujido est généralement représenté comme un enfant parmi des chrysanthèmes. On interprète au Japon la légende ci-dessus, qui est une danse de Nô, en disant que, durant son exil, Kikujido se nourrissait exclusivement de chrysanthèmes.

H. $0^{m}195$. — L. $0^{m}275$. M. de Camondo.

204. Chuban.

Courtisane se promenant sous les cerisiers en fleurs, accompagnée de ses deux kamuro, dont l'une porte, en guise de poupée, un Daruma.

H. $0^{m}280$. — L. $0^{m}205$. M Manzi.

205. Chuban.

Un kugé — dignitaire de cour, — s'abritant sous son ombrelle de la neige qui tombe, attend, un genou en terre, à la porte d'une maison.

Cette estampe est probablement une partie de diptyque. Elle représente Fukakusa no Shosho, qui, durant quatre-vingt-dix-neuf nuits, rendit visite à Ono no Komachi, dont il tentait de fléchir la rigueur, et qui périt de froid, la dernière nuit, sur le chemin qui conduisait à la demeure de la belle et cruelle poétesse.

H. $0^{m}255$. — L. $0^{m}195$. M. Vever.

206. Chuban.

Un homme caressant une jeune femme qui se coiffe devant son miroir.

Appartient à une série d'érotiques : Zashiki Hakkei (huit scènes de réception).

Pl. 18. — H. $0^{m}205$. — L. $0^{m}275$. M. Jacquin.

207. Chuban.

Jeune femme embrassant son amoureux, tout en lui tirant la barbe. Près du couple, un miroir reflète la scène.

Rep. Barbouteau (1904), no 280.

H. $0^{m}205$. — L. $0^{m}280$. M. Vever.

208. Chuban.

Une jeune femme sur la terrasse et un jeune homme assis sur un banc regardent un combat de coqs. Accroupi près du banc, un garçonnet tient en réserve un troisième coq.

Au fond, des iris fleurissent un cours d'eau.

H. $0^{m}260$. — L. $0^{m}205$. M. Vever.

209. Chuban.

Portrait de Kagiya Osen, la belle hôtesse, qui s'apprête à servir une tasse de thé. Une lanterne porte l'engageante enseigne de la chaya : On yasumi dokoro (la maison où il fait bon rester).

H. $0^{m}255$. — L. $0^{m}205$. M. Vever.

210. Chuban.

Du sommet du mont Atago, à l'ouest de Kyoto, une jeune femme jette, au fond de la vallée, des coupes à saké en terre.

D'après une vieille légende, quiconque souhaite ardemment la réussite d'une entreprise — surtout amoureuse — n'a qu'à jeter du mont Atago, dans la vallée qu'il domine, un certain nombre de coupes à saké en terre, où son nom est inscrit. Si une de ces coupes est arrivée en bas sans se briser, alors le désir s'accomplira.

H. $0^{m}280$. — L. $0^{m}215$. M. Vever.

211. Chuban.

Moso (un des vingt-quatre exemples de piété filiale en Chine) représenté par une jeune fille, qui, couverte d'un grand chapeau et d'un manteau de paille, cherche sous la neige des jeunes pousses de bambou.

Rep. Hayashi, no 384 ; Gillot, no 225.

H. $0^{m}265$. — L. $0^{m}205$. M. Vever.

212. Chuban.

Geisha rentrant chez elle, escortée par un hakoya (garçon de chaya) qui porte une lanterne. Au haut, à droite, un coin de toit où pend une lanterne qui éclaire les hautes branches d'un prunier en fleurs. Fond gris.

Pl. 19. — H. $0^{m}267$. — L. $0^{m}205$. M. Vever.

213. Chuban.

Couple d'amants couchés sur un divan. La jeune femme tient un shamisen. Au fond, un paravent s'orne de grues.

H. $0^{m}200$. — L. $0^{m}280$. M. Vever.

214. Chuban.

Jeune femme figurant Urashima Taro, qu'une tortue géante, à qui il avait sauvé la vie, mena, pour le récompenser de cette bonne action, au Ryugu, qui est le palais enchanté du fond de la mer.

Cette estampe pourrait aussi plausiblement — car Harunobu a fréquemment représenté des Sennin sous les traits de jolies femmes — s'interpréter de la sorte : la jeune femme serait Roko Sennin, qu'on voit toujours sur une tortue sacrée. (Cf. 276.)

H. 0m185. — L. 0m255. M. Rouart.

215. Chuban.

Shirabiyoshi dansant la danse Dojoji. Deux jeunes acteurs, qui dorment assis sur le plancher, représentent des moines du temple de Dojoji.

Pl. 22. — H. 0m260. — L. 0m200. M. Bing.

216. Chuban.

Des chrysanthèmes roses, violets, oranges croissent dans une jardinière de porcelaine de Chine bleu et blanc.

La lune qui se lève à l'est représente le mois de septembre.

Rep. Morrisson, 1910, n° 61 et Catalogue d'Estampes (vente à Paris, 14 juin 1909), n° 22.

Pl. 24. — H. 0m280. — L. 0m205. M. Peytel.

217. Chuban.

Jeune femme qui ramasse, au lieu d'aiguilles de pins, des lettres d'amour qu'elle entasse dans des paniers que porte un bœuf. Allusion à quelque légende inconnue.

H. 0m270. — L. 0m205. M. Rouart.

218. Chuban.

Deux jeunes filles en barque cueillent des fleurs de lotus sur un étang.

Pl. 19. — H. 0m195. — L. 0m270. M. Haviland.

219. Chuban.

Jeune fille méditant, assise sur la véranda d'un temple.

H. 0m285. — L. 0.210. M. Haviland.

220. Chuban.

Même estampe que 36, mais tirée dans une gamme de rouges et de violets.

H. 0m275. — L. 0m200. M. Haviland.

221. Chuban.

Jeune fille soufflant des bulles de savon pour amuser son petit frère. Elle a enjambé la véranda et dans ce geste a découvert ses jambes qu'un crapaud contemple avec une admirative stupeur.

H. 0m250. — L. 0m190. M. Haviland.

222. Chuban (gaufrée).

Jeune femme glissant à la surface de l'eau, les pieds posés sur une feuille de roseau. Elle est vêtue d'une robe rouge. Représentation populaire de Daruma marchant sur la mer.

Rep. Hayashi, n° 388, et Kurth, fig. 32.

H. 0m265. — L. 0m200. M. Haviland.

223. Chuban (gaufrages).

Par un jour de printemps, deux jeunes filles, sous un parasol, se promènent dans une prairie que des saules ombragent.

H. 0m280. — L. 0m210. M. Haviland.

224. Chuban.

Dans le jardin d'un restaurant se promène une jeune femme portant une lanterne et qu'un chien accompagne. Dans la maison qu'elle vient de quitter, on voit se dessiner en ombres chinoises sur les shoji des gens qui s'amusent.

H. 0m255. — L. 0m190. M. Vever.

225. Chuban.

Trois jeunes filles traversent à gué la Tamagawa, à Idé (province de Yamashiro).

De la série des six Tamagawa. (Cf. 57, 58, 141.)

Rep. Waida, n° 38.

H. 0m280. — L. 0m205. M. Manzi.

226. Chuban.

Même estampe que ci-dessus.

H. 0m275. — L. 0m200. M. Le Véel.

227. Chuban.

Chat parmi des asters et des bégonias.

La robe du chat est faite du gris gouaché coutumier à Harunobu. Sur la tête, le dos et les cuisses des taches noires. Pas de contours. C'est un gaufrage qui profile l'animal sur le fond.

Les chats qu'ont dessinés les imagiers japonais sont généralement des boules de graisse. Ici c'est un félin, avec toute sa grâce perverse et sa souplesse.

Cette estampe était probablement un surimono de grand format. Elle a été rognée, semble-t-il, dans le haut, et certainement à droite où l'on voit encore comme l'extrémité d'un store, au bas duquel un coquillage.

Pl. 26. — H. 0m195. — L. 0m270. M. Rouart.

228. Chuban (gaufrages).

A la berge, un bateau couvert de neige est ancré. Sur un aviron, un héron est perché, tandis que sa femelle vole autour d'un saule.

H. 0m235. — L. 0m185. Mme Langweil.

229. Chuban.

Jeune fille écrivant un poème sur un tanzaku qu'elle accrochera à un bambou, en offrande aux étoiles. C'est la Tanabata (voir n° 30).

La figure est inscrite dans un cercle. Tout autour, sur fond gris, légèrement gaufrée, une tige touffue de bambou où pendent des tanzaku rouges, violets, jaunes.

H. 0m225. — L. 0m195. M. Vever.

230. Chuban.

Jeune femme en kimono de nuit transparent. Elle soulève sa moustiquaire et va se mettre au lit. Auprès d'elle une lanterne et un éventail. Fond noir.

Pl. 19. — H. 0m275. — L. 0m205. M. de Camondo.

231. Chuban.

Même estampe que ci-dessus, sauf qu'elle n'a pas le fond noir.

Rep. Ikéda, nº 88.

H. 0m260. — L. 0m195. M. Haviland.

232. Chuban.

Jeune femme écrivant un poème à la louange de l'œillet. Près d'elle un suzuribako, des œillets dans un vase et, sur une feuille de papier blanc, quelques pétales épars.

Rep. *Japon artistique* IFB, épreuve bistre à rehauts verts, et Gillot, nº 210.

H. 0m270. — L. 0m195. M. Haviland.

233. Chuban.

Même estampe que nº 60, sauf qu'elle est d'une palette plus riche.

H. 0m270. — L. 0m205. M. Marteau.

234. Chuban.

Même estampe que nº 48, mais tirée en polychrome et non datée.

Rep. Ikéda, nº 62, et Kurth, fig. 31.

H. 0m270. — L. 0m200. M. Moreau.

235. Chuban.

Jeune femme se promenant dans un jardin fleuri de chrysanthèmes, accompagnée par une servante qui porte le tobakobon (boite contenant les ustensiles du fumeur).

H. 0m260. — L. 0m200. M. Raphael Collin.

236. Chuban (gaufrages).

Un chat tapi près d'une touffe de bégonias et guettant un couple de papillons.

Pl. 20. — H. 0m275. — L. 0m200. M. Bullier.

237. Chuban.

Jeune couple contemplant la lune qui se lève sur la mer, à Shinagawa.

Appartient à une série de trois estampes : Setsu, Getsu, Kwa (qu'on prononce Setsugekkwa) ; neige, lune et fleurs.

H. 0m200. — L. 0m270. M. Bullier.

238. Chuban.

Dame de la cour, son éventail à la main, regardant une araignée qui, pendue à son fil, descend du plafond. Fond bleu.

Sur ce sujet, la dame compose aussitôt un poème où elle exprime sa joyeuse certitude de revoir son mari ce soir, car l'araignée est d'heureux présage.

H. 0m275. — L. 0m205. M. Bullier.

239. Chuban.

Même estampe que ci-dessus, sans le fond bleu.

Rep. Kurth, fig. 30.

H. 0m270. — L. 0m205. M. Cosson.

240. Chuban.

Jeune fille recueillant au passage les fleurs de cerisiers qui flottent au fil d'un ruisseau. Allusion au jeu de *Kyokusui no Yen*, qui se joue avec des coupes à saké, le 3 mars.

H. 0m275. — L. 0m200. M. Bullier.

241. Chuban.

Enfants roulant une énorme boule de neige.

H. 0m275. — L. 0m200. M. Bing.

242. Chuban.

Une jeune femme, qui est professeur de danse, s'est endormie, la tête posée sur son casier à livres de musique. Elle rêve de la dame Sagi Musumé : la femme-héron (la femme vêtue de blanc comme un héron). A gauche, sur le fusuma (cloison de papier) se voient écrits sur des bandes de papier les noms de ses élèves. Les élèves d'une dame professeur de danse sont généralement de jeunes hommes, qui sont plus attentifs aux sourires qu'à l'enseignement de leur professeur.

H. 0m255. — L. 0m185. M. Vignier.

243. Chuban.

Par un soir de pleine lune, en septembre, deux lapins, l'un tout blanc, l'autre rose et blanc, sont assis sur un tertre fleuri de haghi, et qui surplombe un cours d'eau.

Pl. 40. — Rep. Blondeau, nº 80, pl. XIII. M. et Mme Curtis.

3º ESTAMPES PORTANT DES NOMS DIVERS

244. Chuban.

Jeune femme descendant les degrés, bordés de cryptomérias, qui mènent au cimetière. Elle porte dans un seau, pour les déposer sur une tombe, des branches de feuilles vertes.

De la série des Nana Komachi.

Signée : Harushighé.

H. 0m285. — L. 0m215. M. Vever.

245. Chuban.

Trois dames de la cour, deux Japonaises et une Chinoise, sont auprès d'une grande jarre contenant du saké, qu'elles sont censées goûter.

Représentation populaire d'une allégorie chinoise que le dessin et la sculpture ont fréquemment reproduite : c'est Lao Tsé, Budha et Confucius qui goûtent au saké et qui expriment par leurs jeux de physionomie que chacun trouve à la liqueur un goût différent : la vérité est une, mais peut apparaitre sous des aspects variés.

Signée : Mei Kodo Sakei, ko.

Pl. 22. — H. 0m270. — L. 0m205. M. Vignier.

246. Chuban.

Deux jeunes femmes se consultant pour écrire une lettre. Debout entre les deux panneaux à glissière qui forment la porte de la chambre, un jeune homme les regarde.

Signée : Yoshinobu (Komaï).

H. 0m285. — L. 0m210. M. Rivière.

POLYCHROMIE

Format Oban.

247. Oban.

Jeune femme luttant contre le vent. En vain tente-t-elle de se protéger avec son ombrelle, le vent lui a enlevé ses épingles à cheveux et son kami-iré, éparpillant sur la pelouse les papiers blancs qu'il contenait, ainsi qu'une lettre adressée à son amoureux.

Signée : Suzuki Harunobu, yégaku.

Pl. 21. — H. 0m360. — L. 0m250. Mme Chausson.

248. Oban.

Jeune femme en somptueux costume dansant la danse Shakkyô.

L'objet de cette danse est de représenter deux shishi jouant parmi des pivoines, près d'un pont de pierre jeté sur un torrent qui court dans le jardin du palais impérial à Péking.

Shakkyô signifie : pont de pierre.

Signée : Harunobu, yégaku.

Le cachet de l'éditeur Marujin est imprimé en réserve sur le fond.

Pl. 21. — H. 0m360. — L. 0m240. M. Manzi.

249. Oban. Yokoyé.

Chaya dans la cour du temple shintoïste de Kagiya.

Assise sur un banc est la tenancière de l'établissement, O'sen, fameuse beauté de l'époque qui figure fréquemment dans les estampes de Harunobu. Deux jeunes femmes qui marchent, accompagnées d'un petit serviteur, sur la chaussée pavée que longe la chaya, regardent émerveillées la belle O'sen.

A gauche, un jeune homme lutine une servante.

Signée : Suzuki Harunobu, yégaku.

Pl. 22. — H. 0m240. — L. 0m390. M. Manzi.

250. Oban.

Jeune femme faisant danser son singe un jour de nouvel an. Fond jaspé.

Pl. 23. — H. 0m315. — L. 0m205. M. de Camondo.

251. Oban (légèrement rognée).

Jeune homme montrant à son amie un long rouleau manuscrit. Représentation populaire des deux sennin Kanzan et Jitoku. Le fond de l'estampe est jaspé (suminagashi).

Signée : Suzuki Harunobu, yégaku.

H. 0m315. — L. 0m205. M. de Camondo.

252. Oban.

Même estampe que ci-dessus.

Pl. 23. — H. 0m355. — L. 0m210. M. Marteau.

253. Oban.

Couple d'amoureux canotant sur un étang fleuri de lotus. Le jeune homme assis à la proue s'évente. C'est la jeune femme qui mène le bateau avec une gaffe.

De la série des quatre saisons. Cette estampe représente l'été.

Signée : Suzuki Harunobu, yégaku.

Pl. 25. H. 0m340. — L. 0m250. M. Manzi.

254. Oban.

Jeune femme vêtue en komuso.

Signée : Suzuki Harunobu, yégaku.

H. 0m335. — L. 0m215. M. Vever.

255. Oban.

Les trois beautés en renom de l'époque :

A droite, Kagiya O'sen.

Au centre, Sakaïya O'sada.

A gauche, Yojiya Ofuji.

Signée : Suzuki Harunobu, yégaku.

H. 0m240. — L. 0m370. M. Vever.

256. Oban.

Jeune femme cheminant par un jour de neige. Elle représente la sagi musumé (la fille héron) qui est l'âme de la neige.

Au fond court un ruisselet. A gauche, un saule — qu'on voit toujours avec le héron.

Signée : Suzuki Harunobu, yégaku.

Pl. 25. — H. 0m360. — L. 0m255. M. Haviland.

257. Oban.

Musique de chambre. Un jeune homme joue de la flûte et deux jeunes femmes jouent, l'une du shamisen, l'autre du koto. Ce trio représente les trois sujets favoris du poète : la neige (koto), la lune (flûte) et les fleurs (shamisen).

Signée : Harunobu, yégaku.

Pl. 24. H. 0m255. — L. 0m385. M. Vever.

258. Oban.

Jeune homme et jeune fille vêtus en komuso.

Signée : Suzuki Harunobu, yégaku.

Rep. Strange, t. XXXIII.

H. 0m350. — L. 0m225. M. Vignier.

POLYCHROMIE

Format Hashirakaké

259. Hashirakaké.

Jeune femme en capuchon noir, tenant une ombrelle, par un jour de neige. Elle écoute chanter les pluviers à Michinoku. Au haut de l'estampe une poésie, et dans un cartouche le portrait du poète.

De la série des six Tamagawa (cf. 59, 260, 261).

Signée : Suzuki Harunobu, fudé.

Rep. Hayashi, n° 367.

H. 0m700. — L. 0m130. M. Kœchlin.

260. Hashirakaké.

Même estampe que la précédente.

H. 0m655. — L. 0m110. M. Doucet.

261. Hashirakaké.

A Idé no Tamagawa, par un soir d'été, une jeune femme regarde le reflet de la lune dans l'eau. Au haut de l'estampe, un portrait de poète.

De la série des six Tamagawa (cf. 59, 259, 260).

Signée : Harunobu, yégaku.

H. 0m630. — L. 0m115. M. Doucet.

262. Hashirakaké.

Jeune femme visitant un temple shintoïste. Elle s'arrête à une échoppe où l'on vend des offrandes pour les dieux.

Signée : Suzuki Harunobu, yégaku.

H. 0m685. — L. 0m115. M. Raphael Collin.

263. Hashirakaké.

Signée : Harunobu, yégaku.

H. 0m670. — L. 0m115. M. Raphael Collin.

264. Hashirakaké.

Danseuse sacrée (miko) d'un temple shintoïste. Elle danse, vêtue d'un costume de cour et agite d'une main un éventail et de l'autre un sugu : sorte de marotte.

Signée : Harunobu, yégaku.

H. 0m720. — L. 0m130. M. Javal.

265. Hashirakaké.

Par un jour de neige, une jeune femme, s'abritant sous son ombrelle. Les larges flocons se détachent en réserve de blanc sur le ciel qui est fait de ce gris gouaché si spécial à Harunobu.

Signée : Suzuki Harunobu, yégaku.

H. 0m685. — L. 0m125. M. Vever.

266. Hashirakaké.

Par une nuit noire, un jeune homme, portant une ombrelle et une lanterne, pénètre dans un temple shintoïste.

Signée : Suzuki Harunobu, yégaku.

Pl. 16. — H. 0m650. — L. 0m120. M. Vever.

267. Hashirakaké.

Courtisane et wakashu. Ils se sont rencontrés à la porte de la maison et échangent des propos d'amour et d'affaires.

Signée : Suzuki Harunobu.

H. 0m675. — L. 0m126. M. Vever.

268. Hashirakaké.

En costume de nuit, près de sa moustiquaire, une jeune femme lit une longue lettre en se grattant la tête avec une épingle.

Son kimono est blanc, semé de paillettes.

Signée : Suzuki Harunobu, yégaku.

Rep. Migeon, nº 105, pl. 19.

Pl. 18. — H. 0m535. — L. 0m115. M. Vever.

269. Hashirakaké.

Même sujet (le couple en noir et blanc sous la neige) que nº 57.

Outre les différences impliquées par les formats, ici nagayé, là-bas chuban, on remarque de sensibles variantes dans les costumes.

La femme est en capuchon noir, alors qu'elle était tout en blanc dans l'autre estampe, et l'homme, qui y était tout en noir, porte ici un capuchon violet.

Signée : Harunobu, yégaku.

H. 0m695. — L. 0m130. M. Vever.

270. Hashirakaké.

Jeune femme balayant la neige dans son jardin.

Une branche de prunier, dont les fleurs sont couvertes de neige, se profile sur le ciel gris.

Signée : Suzuki Harunobu, yégaku.

H. 0m685. — L. 0m125. M. Vever.

271. Hashirakaké.

Aigle capturant un singe, dont les petits, terrorisés, tentent de se cacher dans une excavation de rocher.

Signée : Harunobu, yégaku.

H. 0m620. — L. 0m135. M. Vever.

272. Hashirakaké.

Même estampe que ci-dessus.

Pl. 20. — H. 0m655. — L. 0m115. M. Haviland.

273. Hashirakaké.

Jeune fille grimpée sur une échelle. Elle s'apprête à couper une branche de paulownia.

Signée : Suzuki Harunobu, yégaku.

Pl. 16. — H. 0m680. — L. 0m115. M. Vignier.

274. Hashirakaké.

Jeune fille sur la véranda. Avec une lanterne qu'elle tient à la main, elle éclaire une branche fleurie de prunier, qui se profile sur le fond noir opaque de la nuit.

Signée : Suzuki Harunobu, yégaku.

Pl. 18. — H. 0m680. — L. 0m115. Mme Langweil.

275. Hashirakaké.

Courtisane écrivant une lettre dans le salon d'exposition. De la rue, à travers les croisées, des gens la regardent.

Signée : Harunobu, yégaku.

Rep. Kurth, fig. 17.

H. 0m700. — L. 0m120. M. Raphael Collin.

276. Hashirakaké.

Tortue nageant à la surface de la mer et portant, assis sur son dos, un jeune homme qui tient un filet, et qui serait Urashima Taro.

Comparer avec 214. Il y a toute vraisemblance d'admettre qu'ici, à cause du filet, c'est le pêcheur Urashima Taro qui est représenté, alors que l'estampe 214 montrerait le sennin Roko.

H. 0m665. — L. 0m120. Mme Langweil.

277. Hashirakaké.

Yéguchi no Kimi, assis sur le dos d'un éléphant blanc et lisant une lettre. Représentation populaire du Bosatsu Monju.

Signée : Harunobu, yégaku.

H. 0m670. — L. 0m125. M. Bullier.

278. Hashirakaké.
Jeune femme vêtue en komuso.
Signée : Harunobu, yégaku.
H. $0^{m}670$. — L. $0^{m}115$. M. Bullier.

279. Hashirakaké.
Même sujet que n° 131.
Signée : Harunobu, yégaku.
H. $0^{m}640$. — L. $0^{m}110$. M. Bing.

280. Hashirakaké.
Fauconnier (Takajo).
Signée : Suzuki Harunobu, yégaku.
H. $0^{m}670$. — L. $0^{m}120$. M. Vever.

281. Hashirakaké.
Au nouvel an, qu'indiquent les branches de pin, une jeune fille danse la danse Manzaï, que lui rhythme un jeune homme sur un tambourin.
Signé : Masunobu.
H. $0^{m}670$. — L. $0^{m}120$. Mme Langweil.

POLYCHROMIE

Formats divers.

282. Koban.
Scène nocturne. Un udonya (marchand de macaroni) s'apprêtant à servir un bol de son produit.
Non signée.
Rep. n° 29, Catalogue d'Estampes japonaises (vente à Paris en juin 1909).
H. $0^{m}200$. — L. $0^{m}140$. M. Bullier.

283. Yokoban.
Plusieurs personnes sont assises dans une chaya. La maîtresse de céans, O'sen, prépare le thé. Une servante apporte de l'eau à un voyageur.
Signée : Harunobu, yégaku.
H. $0^{m}210$. — L. $0^{m}325$. M. Jacquin.

284. Kuchiyé (frontispice d'album, probablement un album shungwa).
Jeune femme sous la moustiquaire, aidant son amant à se dévêtir.
Signée : Suzuki Harunobu, yégaku.
Pl. 26. — H. $0^{m}200$. — L. $0^{m}310$. M. Haviland.

285. Kuchiyé (frontispice d'un album shungwa). Gaufrages.
Il neige. La crête du mur est toute blanche. A travers une baie ouverte, on voit un couple d'amants étroitement enlacés.
H. $0^{m}185$. — L. $0^{m}255$. M. Haviland.

286. Kuchiyé (frontispice d'un album shungwa).
Dans la chambre du premier plan, une courtisane cajole un timide jouvenceau. Dans la pièce du fond, une autre courtisane épile le visage d'un homme couché.
Pl. 26. — H. $0^{m}205$. — L. $0^{m}275$. M. Haviland.

287. Kuchiyé (frontispice d'un album, probablement shungwa).
Jeune femme aidant son amant à se dévêtir.
Non signée.
H. $0^{m}205$. — L. $0^{m}280$. M. Haviland.

288. Page rognée d'un album shungwa.
Nue, sous le kimono qu'elle a jeté sur ses épaules, une femme enceinte va se mettre au lit. Elle porte une lanterne.
Non signée.
H. $0^{m}205$. — L. $0^{m}100$. M. Bing.

KORIUSAÏ (Isoda)

HOSOYÉ ET HASHIRAKAKÉ

289. Bande étroite en forme de tanzaku.
Jeune femme attachant une moustiquaire.
Signée : Koriu, yégaku.
H. $0^{m}320$. — L. $0^{m}070$. M. Haviland.

290. Hashirakaké.
Courtisane et sa kamuro regardant des bateaux de pêche sur la Shinagawa.
Signée : Koriusaï, yégaku.
Pl. 32. — H. $0^{m}690$. — L. $0^{m}120$. Mme Langweil.

291. Hashirakaké.
Jeune fille dansant la danse Manzaï, un jour de nouvel an. Elle est coiffée d'un éboshi et tient un éventail orné d'une grue au vol.
Signée : Koriusaï, yégaku.
Pl. 37. — H. $0^{m}670$. — L. $0^{m}125$. M. Vignier.

292. Hashirakaké.
Portrait d'un lutteur fameux, qui fait montre de sa force en soulevant d'un seul doigt une jeune fille qui s'y est accrochée.
La légende nous renseigne sur le poids de l'athlète (38 kwan : 141 kilos), sa taille, $2^{m}05$; la quantité de riz qu'il absorbe par repas, $2^{k}700$, etc.
Signée : Koriusaï, zu.
Rep. Cat. Waïda, 137.
Pl. 34. — H. $0^{m}660$. — L. $0^{m}115$. M. Bing.

293. Hashirakaké.
Servante de chaya portant une tasse de thé.
Signée : Koriusaï, yégaku.
L'artiste a ici fait précéder sa signature de la mention : Buko Yagenbori no Inshi (le solitaire qui vit à Yagenbori), Yédo.
H. $0^{m}675$. — L. $0^{m}115$. Mme Langweil.

294. Hashirakaké.
Jeune fille menant en laisse un petit chien. Dans le fond, on aperçoit une arête du Fuji et ses contreforts.
Signée : Koriusaï, zu.
H. $0^{m}670$. — L. $0^{m}115$. M. Bullier.

295. Hashirakaké.

Au pied du Fuji, le prêtre Saïgio méditant.

Signée : Koriusaï, zu.

Rep. Cat. Barbouteau, 304.

H. 0m670. — L. 0m125. M. Raphael Collin.

296. Hashirakaké.

Jeune femme se promenant sous son ombrelle, par un jour de neige. Elle a revêtu son kappa (vêtement de pluie), qui est de couleur orange et jaune. Violet, son capuchon.

Signée : Koriusaï, yégaku.

Pl. 36. — H. 0m690. — L. 0m115. M. Rouart.

297. Hashirakaké.

Jeune homme et jeune fille se promenant sous une ombrelle par un jour de neige. Ils figurent le corbeau et le héron.

Le même sujet est traité, dans le format chuban, par Harunobu, n° 195.

Signée : Koriu, yégaku.

Pl. 35. — H. 0m675. — L. 0m120. M. Rouart.

298. Hashirakaké.

Jeune homme couvert d'un kappa se promenant par une nuit de neige. Il porte une lanterne. Dans le fond, on voit le toit d'un théâtre et un réservoir d'eau.

Signée : Koriusaï, yégaku.

H. 0m685. — L. 0m115. M. Rouart.

299. Hashirakaké.

Une baigneuse qui vient de sortir de l'eau. Elle est debout sur un rocher, au bord de la mer, et tord son vêtement. Auprès d'elle, un pin.

Signée : Koriusaï, fudé.

Pl. 33. — H. 0m690. — L. 0m120. M. Rouart.

300. Hashirakaké.

Jeune fille portant son chat.

Signée : Koriusaï, yégaku.

H. 0m665. — L. 0m115. M. Migeon.

301. Hashirakaké.

Jeune dame, accompagnée d'une petite servante, cheminant au pied du Fuji.

Signée : Koriusaï, zu.

H. 0m635. — L. 0m115. M. Vignier.

302. Hashirakaké.

Pour couper une branche fleurie de prunier, une jeune fille est montée sur le dos de son ami, qui est allongé sur le sol.

Signée : Koriusaï, yégaku.

H. 0m670. — L. 0m115. M. Bing.

303. Hashirakaké.

Jeune homme frappant à la porte d'une maison de campagne. Il tient à la main son ombrelle qu'il vient de fermer et qui est encore couverte de neige.

Signée : Koriusaï, yégaku.

Pl. 32. — H. 0m635. — L. 0m115. M. Vever.

304. Hashirakaké.

Une jeune fille s'est endormie, accoudée sur sa table à écrire, le visage à demi voilé par son écran. Elle rêve qu'elle est la belle Urazato qu'enlève son amant Tokijiro.

Urazato était une courtisane fameuse qui préféra s'enfuir avec l'élu de son cœur plutôt que d'accepter les offres munificentes que lui faisait un grand personnage.

Signée : Koriusaï, yégaku.

H. 0m665. — L. 0m120. M. Haviland.

305. Haskirakaké.

Geisha dans le costume de la Sagi Musumé.

Signée : Koriusaï, yégaku.

Pl. 36. — H. 0m680. — L. 0m125. M. Vever.

306. Hashirakaké.

Au déclin d'un jour d'été, une jeune femme prend le frais sur son balcon. Elle est vêtue d'un léger kimono bistre, à travers lequel transparaissent, en un ton clair, les bras et le buste. Elle tient un écran fleuri de chrysanthèmes.

Signée : Koriusaï, yégaku.

Pl. 32. — H. 0m650. — L. 0m115. M. Vignier.

307. Hashirakaké.

Une couple de *kadozuké* (musiciens des rues).

Signé : Koriusaï, yégaku.

Rep. Cat. Barbouteau, 294.

Pl. 35. — H. 0m665. — L. 0m115. M. Vever.

308. Hashirakaké.

Sur une terrasse, une jeune femme joue avec un singe qui lui tire sa robe. Tout près, une haie fleurie de pivoines.

Signée : Koriusaï, yégaku.

H. 0m670. — L. 0m110. M. Raphael Collin.

309. Hashirakaké.

Une jeune femme, le buste nu, se coiffe devant son miroir. Derrière, se trouve un paravent sur lequel est peint un singe qui, s'animant tout à coup, allonge un bras désespérément long pour atteindre au miroir, qu'il prend pour la lune.

Signée : Koriusaï, yégaku.

Rep. Migeon, 104, pl. 19.

Pl. 44. — H. 0m685. — L. 0m125. M. Bing.

310. Hashirakaké.

Jeune femme se dévêtant pour le bain. Son peignoir qui va choir la laisse presque complètement nue.

Signée : Koriusaï, yégaku.

H. 0m655. — L. 0m120. M. Bing.

311. Hashirakaké.

Au pied du Fuji, une jeune femme portant un panier d'aubergines.

Signée : Koriusaï, yégaku.

H. 0m670. — L. 0m115. M. Salomon.

312. Hashirakaké.

Un fauconnier, au pied du Fuji.

Cette estampe forme diptyque avec la précédente.

Elles illustrent les trois rêves heureux qui sont : le Fuji, le Faucon, l'Aubergine.

Signée : Koriusaï, yégaku.

H. 0m675. — L. 0m120. M. Mutiaux.

313. Hashirakaké.

Dame de la cour jouant avec son chat. Elle porte un kimono dont le bas est orné de plumes de paon.

Non signée.

H. 0m710. — L. 0m125. M. Haviland.

314. Hashirakaké.

Jeune fille descendant un escalier, une lettre à la main. Un jeune homme, assis sur la terrasse, la surveille.

Signée : Koriusaï, yégaku.

H. 0m680. — L. 0m120. M. Haviland.

315. Hashirakaké.

Une jeune fille montée sur un escabeau remonte une horloge. Gambadant, son petit frère se moque d'elle.

Signée : Koriusaï, yégaku.

H. 0m680. — L. 0m115. M. Vignier.

316. Hashirakaké.

Chokwaro sennin et Tekkaï sennin figurés par un couple d'amoureux.

La jeune femme est Chokwaro. Elle tient une gourde dont un cheval s'est échappé. Le jeune homme, qui est Tekkaï, a projeté dans l'espace un homuncule à son image. Et le double de Tekkaï est monté sur le cheval de Chokwaro.

Signée : Koriusaï, yégaku.

H. 0m675. — L. 0m115. M. Doucet.

317. Hashirakaké.

Jeune fille taquinant son chat.

Signée : Koriusaï, yégaku.

H. 0m640. — L. 0m115. M. Vignier.

318. Hashirakaké.

Ce fut une accablante journée d'été. Une jeune femme assise sur le balcon a entr'ouvert son kimono, et d'un éventail fleuri de chrysanthèmes dispense quelque fraîcheur à ses charmes les plus secrets.

Signée : Koriusaï, yégaku.

Rep. Cat. Barbouteau, 296.

Pl. 34. H. 0m665. — L. 0m110. M. Javal.

319. Hashirakaké.

Par un jour de printemps, une jeune fille se promène dans un pré. Elle s'arrête un instant pour que sa petite servante lui arrange ses sandales.

Signée : Koriusaï, yégaku.

H. 0m665. — L. 0m115. M. Vignier.

320. Hashirakaké.

Jeune femme lavant du linge dans un baquet, pendant que sa compagne puise de l'eau dans le puits.

Signée : Koriusaï, yégaku.

Pl. 36. — H. 0m660. — L. 0m120. M. Vignier.

321. Hashirakaké.

Sur un petit pont, qu'ombragent des glycines, un couple de jeunes époux s'émerveillent à voir leur bambin qui jette à manger aux carpes de l'étang du temple de Kameïdo.

Signée : Koriusaï, yégaku.

Pl. 36. — H. 0m675. — L. 0m115. M. Vignier.

322. Hashirakaké.

Jeune femme se promenant, sous son ombrelle, par un jour de neige. Elle est couverte d'un kappa noir.

Signée : Koriu, yégaku.

Cachet d'imprimeur : Shiguhan.

Rep. Seidlitz, 52.

H. 0m720. — L. 0m115. M. Vever.

323. Hashirakaké.

Courtisane envoyant une lettre.

Signée : Koriusaï, yégaku.

H. 0m665. — L. 0m115. M. Migeon.

324. Hashirakaké.

Scène de seïro (maison de plaisir). Une courtisane quitte son amant, qu'on voit couché derrière un paravent, pour aller procéder à des soins de toilette. D'une galerie surplombante, une geisha, son shamisen à la main, regarde la scène.

Signée : Koriu, yégaku.

H. 0m680. — L. 0m120. M. Haviland.

325. Hashirakaké.

Un jeune homme lutte avec son amie pour lui prendre une lettre. Dans la véhémence du combat, le kimono fleuri d'iris de la jeune personne s'entr'ouvre, et cet incident semble plaire à l'agresseur.

Signée : Koriu, yégaku.

Pl. 34. — H. 0m665. — L. 0m115. M. Haviland.

326. Hashirakaké.

Auprès d'un pêcher en fleurs, une fillette s'amuse avec sa poupée, le jour de « Hona no sekku », la fête des poupées, qui a lieu le 3 mars.

Signée : Koriu, yégaku.

H. 0m695. — L. 0m115. Mme Langweil.

327. Kakémonoyé.

La courtisane Niwoteru, accompagnée d'une kamuro qui porte un petit chien.

Les costumes de la femme et de la fillette sont d'une rare somptuosité. Le kimono de l'oïran est noir, avec un décor de vagues ; l'obi s'orne d'un dragon et des sept trésors. Le kimono de la kamuro, blanc dans le haut, se termine par une stylisation de flots et de roues hydrauliques, en vert, rouge et violet, où trempent des filets de pêche.

Signée : Koriusaï, zu.

Pl. 39. — H. 0m700. — L. 0m255. M. Vever.

OBAN

328. Oban.

Courtisane jouant avec un ballon qu'elle fait rebondir sur son nagamochi (coffre à vêtements). Auprès d'elle, une kamuro joue aussi au ballon.

Signée : Koriusaï, yégaku.

H. 0m340. — L. 0m220. M. Vever.

329. Oban.

Deux jeunes filles figurant des jicho (servantes de la cour), menant en laisse un cheval sacré, un jour de fête shintoïste.

Signée : Koriusaï, yégaku.

H. 0m390. — L. 0m250. M. Bing.

330. Oban.

Jeune fille vêtue en Shirabiyoshi et dansant la danse Dojoji. Deux moines la regardent.

Signée : Koriusaï, yégaku.

H. 0m390. — L. 0m265. M. Jacquin.

331. Oban. Béniyé (rose et gris).

Hotei contemplant la perle sacrée (tama), un des sept trésors (shippo).

Signée : Ko Hozen no Zu.

Hokkyo Koriu Utsusu.

Copiée par Koriu d'après un dessin de Kano Motonobu.

Bien que cette estampe appartienne aux quasi-monochromes, elle ne saurait être classée parmi les premières de Koriu. Elle est des dernières, des rares qu'il fit après avoir reçu le titre de Hokkyo.

H. 0m380. — L. 0m255. M. Haviland.

332. Oban.

Même estampe que ci-dessus, tirée en noir seulement.

Épreuve d'essai qui porte les marques servant au repérage.

H. 0m350. — L. 0m250. M. Haviland.

333. Oban.

Épreuve d'essai en noir et blanc, avec les marques de repérages et portant de légères indications d'aquarelle.

Assemblée de jeunes hommes et de jeunes femmes jouant le Ogi-otoshi. Il s'agit de lancer un éventail de manière à faire choir une poupée qui est placée sur une petite estrade surmontée d'un dais. Parmi les positions relatives que peuvent prendre la poupée et l'éventail — et qui sont au nombre de cinquante-quatre, — certaines seulement sont gagnantes.

Une jeune femme s'apprête à lancer l'éventail. Auprès de l'estrade, se tient une fillette qui remplit le rôle de l'arbitre. Elle a à côté d'elle un appareil à compter les points.

Signée : Koriu, yégaku.

Publiée par Yeijudo Nishimura.

H. 0m295. — L. 0m440. M. Bing.

CHUBAN

334. Chuban.

Deux jeunes femmes se promenant par un jour de vent.

Signée : Koriusaï, yégaku.

H. 0m230. — L. 0m175. M. Bing.

335. Chuban.

A travers les barreaux de la fenêtre, deux hommes regardent dans l'intérieur d'un seïro, où sont deux courtisanes. L'un des hommes, de peur qu'on le voie dans un lieu de plaisir, s'est couvert la tête d'un voile.

Signée : Koriusaï, yégaku.

H. 0m250. — L. 0m180. M. Haviland.

336. Chuban.

Sur la table à écrire une jeune femme est accoudée, son visage caché dans ses bras. On ne voit qu'un petit morceau de sa nuque au-dessus de son chignon. Tout près d'elle, un jeune homme crée l'alibi de broyer de l'encre à une de ses mains. On ne voit pas l'autre. La dame dit : « Ça ne fait rien que votre main soit froide ». Il répond : « Moi, j'ai plutôt chaud ». A travers un trou des shoji, un jaloux regarde la scène.

Non signée.

H. 0m185. — L. 0m245. M. Haviland.

337. Chuban.

Jeune femme, vêtue d'un kimono blanc, cheminant dans la neige, sous son ombrelle. Elle figure la sagi musumé (la femme héron).

Signée : Koriusaï, yégaku.

Pl. en couleurs, n° 31.

H. 0m250. — L. 0m185. M. Doucet.

338. Chuban.

Assis dans un bateau, un jeune homme pêche, les yeux attentivement fixés sur sa ligne. Dans un bateau voisin sont deux jeunes femmes, qui pêchent également. L'une d'elles, d'un adroit mouvement de sa gaule, a su amener son hameçon jusqu'à la poche du jeune homme et lui dérober, sans qu'il s'en aperçût, une lettre d'amour.

Signée : Koriusaï, yégaku.

Pl. 33. — H. 0m255. — L. 0m195. M. Haviland.

339. Chuban.

Jeune homme envoyant une lettre d'amour à Otohimé, la princesse de Ryugu. Elle est vêtue d'un costume chinois. Auprès d'elle, une petite table surmontée d'une branche de corail.

Signée : Koriusaï, yégaku.

H. 0m255. — L. 0m185. M. Haviland.

340. Chuban.

Bambin jouant avec un rat.

Au fond, un panneau, fleuri de chrysanthèmes.

Signée : Koriusaï, yégaku.

H. 0m245. — L. 0m185. M. Vignier.

341. Chuban.

Jeune homme allant à la pêche. D'une fenêtre, deux jeunes filles effrontées tirent au passage la ligne qu'il porte sur l'épaule. Dignement, il se tourne vers les rieuses et passe...

Le pêcheur est sans péché.

Signée : Koriusaï, yégaku.

Pl. 33. — H. 0m255. — L. 0m195. M. Moreau.

342. Chuban.

Jeune femme allant goûter sur l'herbe, par un jour d'automne, avec son petit garçon et une servante.

Signée : Koriusaï, yégaku.

H. 0m260. — L. 0m170. M. Javal.

343. Chuban.

Geisha dansant la danse Horaku no maï, accompagnée sur le shamisen par une compagne.

Signée : Koriu, yégaku.

H. 0m260. — L. 0m195. M. Haviland.

344. Chuban.

Jeune homme fleuretant avec une jeune fille. Il lui tient le poignet et lui entoure le col.

Signée : Koriusaï, yégaku.

H. 0m260. — L. 0m195. M. Haviland.

345. Chuban.

Une jeune femme et sa fille pratiquant leur devoir d'élégante hospitalité envers un jeune homme qui est en visite. Elles lui apportent des friandises, qu'il accueille, assis, d'un air digne.

Signée : Koriusaï, fudé.

H. 0m260. — L. 0m190. M. Jacquin.

346.

Jeune femme arrangeant sa ceinture. Son compagnon tient au-dessus d'elle une ombrelle ouverte, pour la protéger de la neige qui tombe.

Signée : Koriusaï, yégaku.

Rep. Cat. Gillot, 284.

Pl. 37. — H. 0m245. — L. 0m195. M. Bing.

347. Chuban.

Un groupe de jeunes hommes et de jeunes filles goûtant le charme d'une soirée d'été.

Signée : Koriu, yégaku.

H. 0m255. — L. 0m190. M. Rivière.

348. Chuban.

Dans la chambre du premier plan, un homme lutine une servante. Dans la chambre du fond, on voit divers personnages.

A traduire la légende, la scène prend un caractère d'intimité un peu triviale. Le jeune homme sort des cabinets, accompagné de la servante, qui lui avait porté de l'eau pour se laver les mains. Il la serre d'assez près en lui disant qu'il voudrait bien changer de maîtresse. Elle répond : « N'insistez pas, on nous regarde. » Et, en effet, de la pièce voisine, l'amie en titre contemple la scène sans bienveillance.

Non signée.

H. 0m190. — L. 0m255. M. Jacquin.

349. Chuban.

La Tennin (ange) et le pêcheur Hakuriyo, figurés par une jeune femme qui porte le hagoromo (manteau ailé) et par un jeune homme.

Jadis, une Tennin, descendant du ciel, atterrit à Mio no Matsubara (forêt de pins située dans la province de Suruga, au bord de la mer). La fraîcheur des flots tentant l'angélique créature, elle suspendit son hagoromo à une branche d'arbre et se baigna. Mais Hakuriyo, le pêcheur, qui passait par là, s'empara du manteau ailé. Et, pour rentrer en sa possession, la Tennin, au sortir de l'eau, dut danser devant le pêcheur une danse céleste.

Telle est, en style noble, la légende qui sert de thème à un Nô célèbre. En style populaire, l'historiette perd de sa poésie. Le pêcheur Hakuriyo exigea de la Tennin non plus qu'elle dansât, mais qu'elle devînt sa femme. Cela fut. Et comme le pêcheur ne rendait pas le hagoromo, cela dura. Et ils eurent beaucoup d'enfants. Ils en avaient sept, quand, durant une absence de son mari, la Tennin trouva, dans un tiroir secret, son manteau ailé. Elle s'en revêtit et, oubliant mari et progéniture, s'en retourna au ciel.

Depuis lors, les Japonais ont créé le proverbe : « N'aie aucune confiance dans ta femme, même si elle t'a donné sept enfants. »

H. 0m260. — L. 0m185. M. Isaac.

350. Chuban.

Deux femmes de maison publique accostant un jeune homme, dont le visage est à demi caché par un voile. Une des courtisanes a mis la main sur l'épaule de l'homme, l'autre lui agrippe son sabre.

H. 0m245. — L. 0m180. M. Mutiaux.

351. Chuban.

Bien que cette jeune veuve ait fait vœu de ne pas se remarier, puisque ses cheveux sont coupés, bien qu'elle soit vêtue de deuil et qu'elle porte un rosaire (zuzu) à la main, elle envoie, par son petit domestique, une lettre à porter à un futur consolateur.

Signée : Koriusaï, yégaku.

H. 0m400. — L. 0m195. M. Haviland.

352. Chuban, de grand format.

Un guerrier chinois a terrassé un aigle. Il le piétine, et de son glaive nu s'apprête à le férir. Cette scène se passe dans le coin inférieur gauche de l'estampe. Tout le reste est de l'eau, dont les mouvements sont indiqués par des gaufrages sur fond réséda. Cette estampe est un calendrier, sans indication d'année.

Non signée.

Cette estampe n'a rien qui la puisse faire attribuer à Koriusaï. Elle semble appartenir à cette série d'estampes de style chinois, qui seraient de Harunobu ou de Shiba Kokan, ou de Kiosen.

Pl. 35. — H. 0m230. — L. 0m305. M. Rouart.

353. Kuchiyé. Frontispice d'un album, probablement érotique.

Festin dans un seïro.

Signée : Koriusaï, yégaku.

H. 0m235. — L. 0m385. M. Haviland.

354. Hosoyé.

Sur le point de partir en voyage, un mari fait ses adieux à sa femme, qui est — rituellement — agenouillée devant lui.

Non signée.

H. 0m310. — L. 0m120. M. Jacquin.

PIÈCES TIRÉES DE SÉRIES

Formats divers.

355. Chuban.

Dans une maison publique, à Fukagawa, on voit une courtisane lutiner sans vergogne un jouvenceau, qui se défend de son mieux.

De la série des « Huit vues de Fukagawa ».

Signée : Koriu, yégaku.

H. 0^{m}225. — L. 0^{m}195. M. HAVILAND.

356. Chuban.

Jeune homme assis devant une collation de gâteaux et de saké, dans un restaurant de Fukagawa. Il essaie de se saisir de la servante qui porte un plateau.

Même série que ci-dessus.

Signée : Koriu, yégaku.

H. 0^{m}255. — L. 0^{m}195. M. HAVILAND.

357. Chuban.

Le vent qui souffle avec violence soulève les jupes d'une jeune fille et décoiffe le petit domestique qui l'accompagne.

Illustration d'un poème de Bunya no Yasuhidé sur le vent d'automne.

De la série Furyu Rokkasen (six poètes et poétesses).

Signée : Koriu, yégaku.

Pl. 37. — H. 0^{m}250. — L. 0^{m}195. M. HAVILAND.

358. Chuban.

Dans une chaya, au bord de la Sumida, un jeune homme est assis, sur la balustrade de la véranda. Debout, auprès de lui, sa maîtresse. C'est le crépuscule. Des barques de pêcheurs glissent sur la rivière.

Illustration d'un poème de Kisen Hoshi sur la pêche de nuit.

Même série que ci-dessus, en un format différent.

H. 0^{m}210. — L. 0^{m}190. M. DE CAMONDO.

359. Koban.

Par un jour d'orage, un jeune homme chemine auprès de son amie, qui a fort à faire à maintenir son obi et sa robe qui flottent au vent et à empêcher son ombrelle de se fermer.

Même série que ci-dessus, en un format différent.

Signée : Koriu, yégaku.

H. 0^{m}205. — L. 0^{m}145. M. MANZI.

360. Hashirakaké.

Deux jeunes femmes se promenant par un jour de grand vent qui soulève le kimono de l'une d'elles et agite les branches d'un saule.

Illustration pour un poème de Bunya no Yasuhidé sur le vent d'automne.

Même série que ci-dessus, en un format différent.

Signée : Koriusaï, yégaku.

Pl. 32. — H. 0^{m}690. — L. 0^{m}120. M. VIGNIER.

361. Hashirakaké.

Un jeune homme assis, plongé dans quelque songerie, cependant que pour le distraire son amie s'apprête à jouer du koto.

De la série Furyu Zashiki Hakkei : huit vues élégantes d'intérieurs.

H. 0^{m}650. — L. 0^{m}115. M. VIGNIER.

362. Chuban.

Son miroir devant elle, à ses côtés des ustensiles de toilette, une jeune femme se coiffe. Derrière elle, un galant jeune homme lui conte fleurette de très près.

Le jeune homme dit : Attendez-vous quelqu'un que vous vous coiffez ?

Elle répond : Je n'attends personne, mais je crois que je serai tout de même fort occupée, ce jourd'hui.

De la série Dogu Hakkei. Huit sortes d'ameublements.

Non signée.

Pl. 35. — H. 0^{m}185. — L. 0^{m}250. M. HAVILAND.

363. Chuban.

Une jeune dame, qui vient d'écrire à la louange du pin un poème sur un tanzaku, le remet à sa servante.

De la série Sho, Chiku, Baï (les trois plantes fastes : le pin, le bambou, le prunier).

Signée : Koriusaï, yégaku.

H. 0^{m}250. — L. 0^{m}180. M. HAVILAND.

364. Oban.

Un jeune homme et une geisha assis sur le balcon d'un restaurant, près du pont de Ryogoku. Ils tournent le dos à la Sumida.

De la série des Furyu Yédo Hakkei.

Signée : Koriu, yégaku.

Pl. 38. — H. 0^{m}385. — L. 0^{m}255. M. MANZI.

365. Oban.

Deux jeunes femmes, l'une portant son ombrelle et l'autre un éventail décoré d'un bambou, se promènent, accompagnées d'un petit serviteur, à Shinobuga oka (qui est une partie du parc de Uyéno).

Derrière elles, un étang fleuri de nénuphars où nagent des canards. Au fond, relié à la rive par un ponceau, le temple de Benten.

Même série que ci-dessus.

Signée : Koriusaï, yégaku.

H. 0^{m}385. — L. 0^{m}260. M. MANZI.

366. Oban.

Un jeune homme et deux geisha dans un restaurant, près du temple de Asakusa. Le jeune homme et une des jeunes femmes jouent au jeu de ken, cependant que leur compagne regarde par la baie ouverte les toits du temple tout blancs de neige. A terre une coupe et une bouilloire à saké, et un plat de poisson cru.

Même série que ci-dessus.

H. 0^{m}380. — L. 0^{m}260. M. MANZI.

367. Oban.

Au bord de la Sumida, à Komagata, une jeune femme est assise sur un banc, dans une chaya. A sa pipette, son ami allume la sienne, tandis que la servante apporte le thé.

Même série que ci-dessus.

Signée : Yagenbori no Inshi Koriusaï, yégaku.

H. 0m385. — L. 0m260. M. Manzi.

368. Oban.

Courtisane se reposant dans un restaurant du district de Miméguri. Elle est accompagnée de ses deux kamuro, dont l'une tient en laisse un chien noir.

Même série que ci-dessus.

Signée : Buko Yagenbori no Inshi Koriusaï, yégaku.

Pl. 38. — H. 0m385. — L. 0m260. M. Manzi.

369. Chuban.

D'un balcon, deux dames regardent le cortège des nouvelles courtisanes passant dans la rue Sakaïmachi.

Comme il pleut, on ne voit de la procession que le dessus des ombrelles.

De la série Yédo Meisho Hakkei (huit vues remarquables de Yédo).

Signée : Koriu, yégaku.

H. 0m255. — L. 0m190. M. Haviland.

370. Koban.

Couple de jeunes époux visitant un temple shintoïste. La jeune femme porte un bébé dans ses bras.

De la série Furyu Riaku Genji (le Genji Monogatari en rapides illustrations).

Signée : Koriusaï, yégaku.

H. 0m450. — L. 0m155. M. Salomon.

371. Koban.

Geisha cheminant le long de la rivière, accompagnée d'un petit serviteur qui porte le shamisen dans sa boîte. Le vent agite les branches d'un saule et soulève les jupes de la jeune femme.

Même série que ci-dessus.

Signée : Koriusaï, yégaku.

H. 0m215. — L. 0m155. M. Manzi.

372. Chuban.

Jeune marchand d'éventails parlant à une courtisane qui vient de sortir du lit et qui est encore dans son kimono de nuit, largement ouvert sur les seins. Scène d'un matin estival.

De la série de Yatsushi-Genji (qui devrait comporter cinquante-quatre estampes).

Signée : Koriusaï, yégaku.

H. 0m260. — L. 0m195. M. Haviland.

373. Oban.

La courtisane Kaoru, de la maison Shinkanaya, montrant une lettre à son amie Onajiku. De cette dernière, le kimono blanc est décoré, sur un fond de bâtons rompus gaufrés, d'un prunier en fleurs que hantent des rossignols.

De la série Hinagata Wakana no Natsumoyo : modes pour jeunes femmes.

Signée : Koriusaï, yégaku.

Cachet d'imprimeur : Shiguhan.

Pl. 40. — H. 0m360. — L. 0m235. M. Rouart.

374. Oban.

La courtisane Utanosuké, accompagnée de sa shinzo et de ses deux kamuro.

Même série que ci-dessus.

Signée : Buko Yagenbori no Inshi.

Koriusaï, yégaku.

H. 0m380. — L. 0m250. M. Rouart.

375. Oban.

La courtisane Hatsuhana cheminant par la pluie, accompagnée d'un serviteur et de ses deux kamuro.

Même série que ci-dessus.

Signée : Koriusaï, yégaku.

Pl. 42. — H. 0m385. — L. 0m260. M. Vever.

376. Oban.

La courtisane Hayama regardant une vue du Fuji tissée dans la doublure d'un hawori (manteau) que lui présentent deux shinzo.

Même série que ci-dessus.

Signée : Yagenbori no Inshi. Koriusaï, yégaku.

H. 0m380. — L. 0m255. M. Jacquin.

377. Oban.

A nuit tombée, la courtisane Renzan sort, accompagnée d'un petit serviteur et de ses deux kamuro. Elle va « à la fleur » (hana). Il faut entendre qu'elle va passer la nuit chez un amant.

Même série que ci-dessus.

Signée : Koriusaï, zu.

Cachet d'imprimeur : Shi-Ju.

H. 0m390. — L. 0m260. M. Kœchlin.

378. Oban.

La courtisane Wakoku et sa kamuro s'amusant avec un singe.

Même série que ci-dessus.

Signée : Koriusaï, yégaku.

H. 0m390. — L. 0m260. M. Rivière.

379. Oban.

La courtisane Nishi Kigi, qu'accompagnent ses deux kamuro.

Même série que ci-dessus.

Signée : Koriusaï, zu.

H. 0m380. — L. 0m260. M. Haviland.

380. Oban.

La courtisane Kikunoyé se coiffant. Auprès d'elle, ses deux kamuro.

Même série que ci-dessus.

Signée : Koriu, yégaku.

Cachet d'imprimeur : Shiguhan.

H. 0m375. — L. 0m255. M. HAVILAND.

381. Oban.

La courtisane Tomiyama, assise sur son balcon, avec ses deux kamuro. Elle sortira tout à l'heure pour aller à « la fleur ». (Voir 377.)

Même série que ci-dessus.

Signée : Koriusaï, yégaku.

Cachet d'imprimeur : Shiguhan.

H. 0m390. — L. 0m215. M. RAPHAEL COLLIN.

382. Oban.

La courtisane Michihana avec sa shinzo et ses deux kamuro.

Signée : Koriusaï, zu.

Pl. 40. — H. 0m365. — L. 0m245. M. MARQUET DE VASSELOT.

383. Chuban.

Sur le bord de la Sumida une barque vient d'aborder, d'où est sortie une geisha. Son hakoya, qui porte la boîte au shamisen, va à son tour sortir du bateau.

De la série Geisha Hakkei. Huit vues animées par des geisha.

H. 0m260. — L. 0m190. M. MANZI.

384. Chuban.

Jeune femme, accompagnée d'un petit domestique, se promenant par un jour de neige sur le bord du Shinobazu no Iké (petit lac dans le parc de Uyéno). On aperçoit le temple de Benten.

De la série des Azuma no Sato Yeigwa Hakkei. Huit aspects de la vie luxueuse de Yédo.

Azuma no Sato signifie la capitale de l'est.

Signée : Koriu, yégaku.

Pl. 39. — H. 0m245. — L. 0m185. M. ROUART.

385. Chuban.

Deux geisha débarquant sur une rive de la Sumida. L'une d'elles est juchée sur le dos d'un jeune homme ; l'autre, derrière, porte un paquet. Dans le fond, se dégageant des nuages qui le masquaient, surgit le soleil.

Même série que ci-dessus.

Signée : Koriu, yégaku.

H. 0m255. — L. 0m195. M. HAVILAND.

386. Chuban.

Promenade sentimentale. Le jeune homme a mis la main sur l'épaule de son amie et lui dit des mots persuasifs. Pensive, elle écoute.

Dans le ciel un vol d'oies sauvages.

Même série que ci-dessus.

Signée : Koriusaï, yégaku.

H. 0m245. — L. 0m190. M. MUTIAUX.

387. Chuban.

Trois sœurs songent à leurs défunts parents en contemplant un groseillier qu'ils avaient planté de leur vivant.

Ces trois jeunes filles représentent ici trois jeunes Chinois, Denshin, Denko et Denkei, qui, à la mort de leur père, avaient hérité d'un rosier. Comme chacun d'eux le voulait, l'entente était impossible ; ils résolurent donc de partager en trois l'arbuste, qui naturellement mourut de cette trisection. Navrés, les trois jeunes hommes se jurèrent fidèle amitié, et restèrent étroitement unis, leur vie durant.

De la série Furyu Yamato Nijushiko.

Vingt-quatre exemples de piété filiale en Chine, représentés à la mode japonaise.

H. 0m260. — L. 0m190. M. RAPHAEL COLLIN.

388. Chuban.

Auprès de son ami qui la surveille, une jeune fille pêche dans un étang.

Cette jeune fille illustre ici un des vingt-quatre exemples de piété filiale chinois. Elle représente Kiyoshi, un jeune homme à qui sa belle-mère infligeait, sans qu'il s'en plaignît, les pires traitements. Cette mégère adorait le poisson. En plein cœur de l'hiver, elle manifestait le regret de n'en pas avoir. Kiyoshi s'en fut à la pêche dans l'étang prochain. Comme l'eau était gelée, il se coucha sur la glace afin qu'elle fondît, et dans le trou ainsi formé pêcha jusqu'à ce qu'il eût pris deux poissons qu'il rapporta à sa marâtre.

Même série que ci-dessus.

Signée : Koriusaï.

Pl. 39. — H. 0m260. — L. 0m190. M. MANZI.

389. Chuban.

Jeune homme brûlant de l'encens. Son amie, qui lui avait donné, avant de mourir, les bâtons d'encens, lui avait promis d'apparaître pour lui quand il l'évoquerait. C'est cette promesse qu'elle tient.

Même série que ci-dessus.

Signée : Koriusaï, yégaku.

H. 0m260. — L. 0m195. M. HAVILAND.

390. Chuban.

Jeune femme peignant un aigle sur un paravent. Un ami, auprès d'elle, regarde attentivement le travail.

De la série des Meisho Zashiki Hakkei. Huit peintures d'oiseaux.

Signée : Koriu, yégaku.

H. 0m260. — L. 0m190. M. ROUART.

391. Chuban.

Deux jeunes filles et un bambin regardant un paon dans une cage.

Même série que ci-dessus.

Pl. 41. — H. 0m230. — L. 0m180. M. CHIALIVA.

392. Chuban.

Jeune femme figurant la poétesse Ono no Komachi. Elle se promène sur le bord de la Sumida, accompagnée d'un petit serviteur.

De la série Imayo Fuzoku Rokkasen.

Six poètes à la dernière mode.

H. 0m230. — L. 0m190. M. MANZI.

393. Chuban.

Huit geisha dans une Niwaka Kyogen (sorte de ballet comique).

De la série Seïro Geiko Niwaka Kyogen Zukushi.

Non signée.

Rep. Cat. Hayashi, 435.

H. 0m260. — L. 0m185. M. HAVILAND.

394. Chuban.

Jeune homme, une ligne de pêcheur à la main, dansant la danse Urashima. Il est monté sur une petite voiture en forme de tortue. Deux musiciens, qui portent une coiffure faite d'un poisson, sont auprès du danseur.

Même série que ci-dessus.

Signée : Koriusaï, yégaku.

H. 0m255. — L. 0m195. M. VEVER.

395. Oban.

Deux geisha à leur toilette. L'une se coiffe, à croupetons devant son miroir. L'autre est debout, le buste nu, un fichu sur les épaules.

De la série Imayo Geifu Fuzoku. Le style actuel des geisha.

Pl. 42. — H. 0m320. — L. 0m215. M. BING.

396. Chuban.

Deux couturières. L'une, agenouillée, presse un vêtement au moyen d'un fer à manche, en forme de godet cylindrique, qui contient des morceaux de charbon. L'autre, debout, plie un morceau de tissu, dont elle tient une extrémité entre ses dents.

De la série Furyu Ishoku Ju Riakuzu. Dessins rapides des occupations de la vie.

Signée : Koriusaï, yégaku.

H. 0m255. — L. 0m185. M. HAVILAND.

397. Chuban.

Jeune homme plissant un éventail. Une jeune fille observe son travail.

De la série Shinokosho. Le samuraï, le paysan, l'artisan, le marchand.

Signée : Koriu, yégaku.

H. 0m255. — L. 0m180. M. HAVILAND.

398. Chuban.

Jeune homme rendant visite à une courtisane par un jour de neige. Son visage est à demi dissimulé par un voile, précaution usitée par des hommes en vue, lorsqu'ils hantaient les mauvais lieux.

De la série Yédo Irozato Hakkei. (Irozato est un quartier de Yédo où vivent les prostituées libres et les geisha.)

Signée : Koriusaï, yégaku.

Rep. Lemoisne, *Gazette des Beaux-Arts*, 1910, t. I, p. 183.

Pl. 41. — H. 0m250. — L. 0m100. M. HAVILAND.

399. Chuban, tirée en beige et violet sur fond gris.

Jeune femme et fillette amusant un bébé dans un temple du Renard, le jour du Hatsu-uma (le premier jour du cheval en février).

Série de Furyu Junisetsu.

Signée : Koriusaï, yégaku.

Pl. 41. — H. 0m255. — L. 0m195. M. DE CAMONDO.

400. Chuban.

Même estampe que ci-dessus, en polychromie.

H. 0m260. — L. 0m200. M. ISAAC.

401. Estampe minuscule : probablement une page de livre.

Deux hommes et une femme arrangeant les divers comestibles (riz, dorade, gâteaux), qu'ils vont offrir aux Kami (dieux).

Scène du mois d'octobre.

De la série Furyu Junitsuki (la même que ci-dessus, en un format différent.)

Non signée.

H. 0m125. — L. 0m135. M. MUTIAUX.

402. Chuban.

A la nuit tombante, alors que la lune se lève, une jeune fille rentre chez elle. Elle fut en visite chez des amis, à la campagne, qui lui offrirent une provision de fleurs et de légumes que porte un petit paysan.

De la série Ukiyo Fuzoku Hakkei. Huit scènes de la vie populaire.

Signée : Koriu, yégaku.

H. 0m260. — L. 0m190. M. JACQUIN.

403. Chuban.

Deux jeunes femmes chantant. L'une joue du shamisen.

Même série que ci-dessus.

Signée : Koriu, yégaku.

H. 0m255. — L. 0m185. M. HAVILAND.

404. Chuban.

Avant d'entrer au temple, deux jeunes filles se lavent les mains à une fontaine, dont l'eau s'écoule de la gueule d'un dragon de bronze qui sort du rocher.

De la série des Furyu Junishi. Douze signes du Zodiaque. Ici, le mois est donc celui du Dragon.

Pl. 41. — H. 0m255. L. 0m190. M. RIVIÈRE.

405. Chuban.

Jeune femme et sa petite servante jouant avec un perroquet.

C'est une allusion à un épisode de la vie de la poétesse Komachi, qui la fit baptiser Omu Komachi : Komachi-perroquet. La poétesse étant déjà vieille et sur son déclin, l'empereur Yosei lui envoya un poème. La coutume exigeait que Komachi répondît à ce cartel poétique par un autre poème. Or, elle se borna à retourner à Yosei son propre poème auquel elle n'avait changé qu'un seul caractère.

De la série Furyu Nana Komachi.

Signée : Koriusaï, yégaku.

H. 0m265. — L. 0m195. M. HAVILAND.

406. Chuban.

Jeune fille parlant à un jeune homme qui écrit une lettre dans son cabinet de travail. Allusion à la poétesse Ono no Komachi, à Sékidéra.

Même série que ci-dessus.

Signée : Koriusaï, yégaku.

H. 0m260. — L. 0m185. M. de Camondo.

407. Chuban.

Dans une rue du Yoshiwara, deux jeunes hommes parlent à des courtisanes.

De la série Yenro Juni Tsuki (Yenro est mis pour Seïro).

Signée : Koriu, yégaku.

H. 0m265. — L. 0m185. M. Haviland.

408. Chuban.

C'est le 31 décembre. Deux courtisanes ont allumé le Toshi-Koshi-bi. C'est le feu qu'on brûle à cette date en adieu à l'année défunte et comme bienvenue à l'année nouvelle.

Même série que ci-dessus.

H. 0m260. — L. 0m185. M. de Camondo.

409. Chuban.

Enfants jouant avec des chevaux de bois. Allusion au cheval qui est un des signes du zodiaque.

De la série Furyu Kodomo Junishi. Les douze signes du zodiaque figurés par des enfants.

Signée : Koriusaï, yégaku.

H. 0m260. — L. 0m195. M. Jacquin.

410. Chuban.

Une courtisane lisant une lettre, debout sur la véranda qui surplombe un cours d'eau. Un jeune homme la regarde, en partie dissimulé derrière un écran sur lequel est peinte une vue de Hagi no Tamagawa (province d'Omi).

De la série des six Tamagawa.

Signée : Koriu, yégaku.

H. 0m260. — L. 0m185. M. de Camondo.

411. Chuban.

Sous un cerisier en fleurs, un homme et trois femmes jouent au jeu de « ken ».

De la série Shiki Tézuma Asobi. Amusements des quatre saisons.

Signée : Koriu, yégaku.

H. 0m255. — L. 0m190. M. Haviland.

412. Chuban.

Deux jeunes filles et un enfant regardent des ombres chinoises, que leur père projette de l'autre côté des shoji. Avec la main et quelques accessoires, il montre maintenant la silhouette d'un samuraï.

Même série que ci-dessus.

Signée : Koriu, yégaku.

H. 0m250. — L. 0m185. M. Haviland.

413. Chuban.

Une courtisane et son amant lisant une lettre à une fenêtre, en face de la Sumida.

De la série Yédo Mitaté Mitsu no Tamagawa. Six aspects de la Tamagawa évoqués par des vues de Yédo.

Signée : Koriu, yégaku.

H. 0m260. — L. 0m195 M. Isaac.

414. Chuban.

Dans le jardin du temple de Higawa no Yashiro, une chaya dont le nom se lit sur une banderole que le vent agite : Kashi-zoshiki (la maison où l'on reste). Deux amoureux s'y reposent, le jeune homme assis, elle debout, piquant une épingle dans ses cheveux.

Même série que ci-dessus.

H. 0m255 — L. 0m190. M. de Camondo.

415. Chuban.

Marchand d'éventails qui parle à une jeune fille à la fenêtre de sa maison.

De la série Furyu Yatsushi Gosekku. Les cinq festivals de l'année.

Signée : Koriusaï, yégaku.

H. 0m250. — L. 0m185. M. Haviland.

416. Chuban.

Deux geisha se promenant le long d'un petit cours d'eau.

De la série Furyu Ukiyo Sagata. Modes populaires artistiques.

Signée : Koriu, yégaku.

H. 0m260. — L. 0m185. M. Marteau.

417. Chuban.

Une courtisane et deux shinzo contemplant le reflet de la lune dans la mer, à Shinagawa.

De la série Furyu Yatsushi Shinagawa Hakkei.

Signée : Koriu, yégaku.

H. 0m245. — L. 0m190. M. Migeon.

418. Chuban.

Jeune femme attachant la moustiquaire, cependant que sa compagne brûle des baguettes odorantes pour chasser les moustiques. Près de la maison, un étang fleuri d'iris.

De la série des quatre saisons. Estampe représentant l'Été.

Signée : Koriu, yégaku.

H. 0m260. — L. 0m195. M. Vever.

KWACHO

ANIMAUX, OISEAUX ET FLEURS

Formats divers.

419. Hosoyé.

Deux coqs combattant parmi des maïs et des pivoines. L'un d'eux, un coq blanc, qui s'élance, ailes éployées, sur son adversaire est dessiné en gaufrages.

De la série Furyu Junishi, Douze signes du Zodiaque.

Signée : Koriu, yégaku.

Rep. Seidlitz, 54, et Lemoisne, *Gazette des Beaux-Arts*, 1910, t. I, p. 184.

Pl. 46. — H. 0m320. — L. 0m145. M. Vever.

420. Chuban.

Deux coqs combattant sous un pêcher en fleurs.

Signée : Koriusaï, yégaku.

H. 0m260. — L. 0m190. M. Rouart.

421. Chuban.

Même estampe que ci-dessus.

Signée : Koriusaï, yégaku.

H. 0m245. — L. 0m185. M. Haviland.

422. Chuban.

Près d'un massif de bambous, deux coqs combattent. L'un, qui saute sur son rival, ailes éployées et plumes hérissées, est blanc. Seuls les gauffrages le dessinent. Sa crête, son bec et ses pattes sont rouges et jaunes. L'autre coq est noir de la queue et du ventre. Le corps est mi-parti rouge brun et jaune.

Signée : Koriu, yégaku.

Rep. Gillot, 306.

H. 0m245. — L. 0m205. M. Vever.

423. Chuban.

Coq et poule picorant pour leurs poussins, auprès d'une touffe de chrysanthèmes.

Signée : Koriusaï, yégaku.

Pl. 46. — H. 0m260. — L. 0m190. M. Haviland.

424. Chuban.

Oiseau de Hô-o (phénix) planant sur un paulownia.

Signée : Koriu, yégaku.

H. 0m245. — L. 0m185. M. Vignier.

425. Chuban.

Faucon sur un perchoir, aux armoiries d'un daïmio.

Tout daïmio s'adonnant à la chasse à la grue possédait un vol de douze faucons.

Signée : Koriusaï, yégaku.

Pl. (en couleurs) n° 43. — H. 0m280. — L. 0m210. M. Rouart.

426. Chuban.

Faucon sur son perchoir. Un des douze du vol d'un daïmio.

Signée : Koriusaï, zu.

H. 0m235. — L. 0m170. M. Rivière.

427. Chuban.

Sur un tertre fleuri de pivoines, un faucon massacre un faisan.

Signée : Koriusaï, yégaku.

Pl. 46. — H. 0m255. — L. 0m195. M. Vever.

428. Chuban.

Par la pluie battante, un aigle est posé sur un pin.

Signée : Koriu, yégaku.

Cachet d'imprimeur : Shi-Ju.

H. 0m250. — L. 0m180. M. Rouart.

429. Chuban.

Sur la pointe d'un roc battu par les flots, un aigle fixe orgueilleusement le soleil levant.

Non signée.

Pl. 45. — H. 0m255. — L. 0m185. M. Kœchlin.

430. Chuban.

Trois grues auprès de jeunes pins, au lever du soleil.

Signée : Koriu, yégaku.

Cachet d'imprimeur : Shi-Ju.

Pl. 48. — H. 0m245. — L. 0m185. M. Vever.

431. Chuban.

C'est l'aube. Le soleil paraît. Et toute une famille de grues s'ébat dans un étang fleuri d'iris blancs et violets.

Non signée.

Pl. 45. — H. 0m250. — L. 0m185. M. Vignier.

432. Chuban.

Couple de hérons. L'un est posé sur la rive couverte de neige d'un torrent, cependant que l'autre vole dans un ciel tout embrasé par le soleil couchant.

Signée : Koriusaï, yégaku.

Pl. 44. — H. 0m255. — L. 0m185. M. Vever.

433. Chuban.

Couple de hérons péchant dans un cours d'eau, sous un pont.

Non signée.

H. 0m240. — L. 0m180. M. Bing.

434. Chuban.

Couple de hérons pêchant dans un cours d'eau rapide, au bord duquel poussent des roseaux.

Non signée.

Rep. n° 47 du Catalogue de la vente d'Estampes japonaises, faite à Paris, le 14 juin 1909.

Pl. 44. — H. 0m275. — L. 0m205. M. Cosson.

435. Chuban.

Un héron et un corbeau perchés sur un arbre couvert de neige.

Rituellement le héron se pose toujours sur un saule. Dans cette estampe le saule a la forme d'un prunier et porte des fleurs de camélia. C'est un arbre dessiné dans le style yésoragoto (dessin de fantaisie, d'imagination).

Signée : Koriu, yégaku.

Cachet d'imprimeur : Seiguhan.

Rep. Gillot, 305.

H. 0m255. — L. 0m185. M. Haviland.

436. Chuban.
Couple de faisans picorant sous un cerisier en pleine floraison.
Non signée.
Pl. 45. — H. 0m250. — L. 0m195. M. Vever.

437. Chuban.
Un couple de sarcelles péchant des poissons dans un torrent où poussent des sagittaires et où fleurissent des iris.
Signée : Koriu, yégaku.
H. 0m265. — L. 0m210. M. Isaac.

438. — Chuban.
Groupe de bernaches nageant sur un cours d'eau.
Non signée.
H. 0m280. — L. 0m180. M. Haviland.

439. Chuban.
Deux shishi, l'un blanc, gaufré, assis sur un banc fait d'un tronc d'arbre coupé; l'autre bleu, le corps parsemé de rosaces blanches; la queue et la crinière brunes.
Non signée.
H. 0m275. — L. 0m205. M. Vignier.

440. Chuban.
Sous un toit de chaume, auprès de touffes de jacinthes, toute une portée de sept petits chiens dormant, roulés en boule.
Signée : Koriu, yégaku.
Rep. Gillot, 297.
Pl. 48. — H. 0m250. — L. 0m180. M. Vignier.

441. Kakémonoyé.
Un faucon blanc — les faucons blancs sont sacrés au Japon — posé sur un roc, auprès duquel poussent des chrysanthèmes et fleurit un bananier.
Signée : Koriusaï, yégaku.
Rep. Migeon, 102, pl. 19.
Pl. 47. — H. 0m880. - L. 0m195. M. Rouart.

442. Hashirakaké.
Faucon perché sur un pin. Au levant, le soleil monte.
Non signée.
Pl. 47. — H. 0m620. — L. 0m115. M. Doucet.

443. Hashirakaké.
Un épervier, posé sur un prunier, s'apprête à fondre sur un moineau.
Non signée.
Pl. 47. — H. 0m670. — L. 0m110. M. Bullier.

444. Hashirakaké.
Une couple de faisans perchés sur un pin couvert de neige. Au-dessous d'eux coule un torrent.
Signée : Koriu, yégaku.
H. 0m665. — L. 0m120. M. Raphael Collin.

445. Hashirakaké.
Faisan doré perché sur un roc fleuri de pivoines, au bas duquel coule un torrent.
Non signée.
H. 0m680. — L. 0m120. M. Bullier.

446. Hashirakaké.
Faisan doré chinois perché sur un pin. Au-dessous de lui jaillit, parmi des rocs fleuris de pivoines, un torrent.
Signée : Koriusaï, yégaku.
H. 0m650. — L. 0m110. M. Vignier.

447. Oban (en blanc et noir).
Sur un tertre, parmi des bambous, un tigre s'étire.
Copié sur un dessin de Mokkei (célèbre artiste chinois), par Hokkyo Koriusaï.
H. 0m350. — L. 0m245. M. Bing.

448. Surimono (de grand format).
Faucon blanc posé d'une patte sur son perchoir et de l'autre se grattant le bec.
Ce surimono fut publié par l'artiste, à l'occasion du banquet qu'il donna lorsqu'il fut honoré du titre d'Hokkyo (titre honorifique accordé par la Cour aux peintres dont elle agréait le talent). Cette distinction lui fut décernée pour une peinture dont le sujet était précisément celui que reproduit l'estampe.
Le surimono fut donné à chacun des invités.
Signée : Hokkyo Koriusaï, « saishu » (amphitryon).
Pl. 48. — H. 0m375. — L. 0m505. M. Doucet.

SHUNSHO

PORTRAITS D'ACTEURS

Danjuro.

449. Hosoyé.
L'acteur Ishikawa Yébizo (un des noms de Danjuro) en « Shibaraku ». Calembour qui donne le nom du personnage et aussi la première phrase du rôle de Danjuro, laquelle signifie : Attendez un peu.
Signée : Shunsho, yégaku.
Pl. en couleur, n° 49. — H. 0m300. — L. 0m145. M. Mutiaux.

450. Diptyque Hosoyé.
L'acteur Danjuro, en squelette, terrorise une jeune femme, figurée par l'acteur Iwaï Hanshiro.
Estampes sur fond noir.
Signées : Shunsho, yégaku.
Pl. 56. Rep. Strauss-Negbauer, n° 116.
H. 0m315. — L. 0m285. M. de Camondo.

451. Hosoyé.
Danjuro en otokodaté.
Signée : Shunsho, yégaku.
Rep. Lemoisne, *Gazette des Beaux-Arts*, 1910, t. I, p. 187.
Pl. 50. — H. 0m290. — L. 0m130. M. Rouart.

452. Hosoyé.

L'acteur Danjuro dans le rôle de Akagaki Genzo, un des quarante-sept Ronin. Il porte, attachés à une ficelle, des poissons.

Signée : Shunsho, yégaku.

Pl. 50. — H. 0m300. — L. 0m140. M. Vever.

453. Hosoyé.

L'acteur Danjuro, représentant un daïmio qui tient un sabre nu.

Signée : Katsu Shunsho, yégaku.

H. 0m310. — L. 0m145. Mme Langweil.

454. Hosoyé.

L'acteur Danjuro, dans le rôle d'un samuraï, vêtu de son kamishimo (vêtement de cérémonie) et qui regarde un vol de corbeaux.

Signée : Shunsho, yégaku.

H. 0m315. — L. 0m145. Mme Langweil.

455. Hosoyé.

L'acteur Danjuro, représentant le spectre de Taïra no Tomomari, qui se suicida, quand fut perdue la bataille de Dan no Ura, en se jetant à la mer, attaché à l'ancre de son bateau.

Signée : Shunsho, yégaku.

H. 0m320. — L. 0m150. M. Javal.

456. Hosoyé.

Danjuro, dans le rôle du rebelle Iruka, monté sur un cheval et tenant d'une main un sceptre — il voulut détrôner son souverain — et de l'autre son sabre.

Cachet de Shunsho.

Pl. 51. — H. 0m305. — L. 0m140. M. Javal.

457. Hosoyé.

Danjuro en komuso.

Signée : Shunsho, yégaku.

H. 0m310. — L. 0m140. M. Rouart.

458. Hosoyé.

L'acteur Danjuro, dans un rôle de komuso, qui joue de la flûte.

Signée : Shunsho, yégaku.

H. 0m310. — L. 0m135. M. Bing.

Ségawa Kikunojo.

459. Hosoyé.

L'acteur Ségawa Kikunojo, représentant une jeune femme qui, munie de son ombrelle et d'une corbeille d'osier, s'en va au marché pour acheter du poisson.

Signée : Shunsho, yégaku.

H. 0m325. — L. 0m150. M. Vever.

460. Hosoyé.

L'acteur Ségawa Kikunojo, représentant une femme en costume de komuso. Son grand chapeau est posé à terre à côté d'elle et elle joue de la flûte.

Signée : Shunsho, yégaku.

H. 0m310. — L. 0m145. M. Rouart.

461. Hosoyé.

L'acteur Ségawa Kikunojo, représentant une jeune femme qui se promène par un jour de neige, enveloppée du manteau « kappa » et la tête couverte d'un capuchon violet.

Signée : Shunsho, yégaku.

H. 0m285. — L. 0m120. M. Marteau.

462. Hosoyé.

L'acteur Ségawa Kikunojo, dans le rôle d'une jeune femme dansant avec une paire de hanagasa : chapeaux fleuris.

Signée : Shunsho, yégaku.

H. 0m295. — L. 0m135. M. Rivière.

463. Hosoyé.

L'acteur Ségawa Kikunojo et un de ses collègues, représentant un couple : samuraï et jeune femme se promenant sous une ombrelle.

Signée : Shunsho, yégaku.

H. 0m300. — L. 0m145. M. Rivière.

Iwaï Hanshiro.

464. Hosoyé.

L'acteur Iwaï Hanshiro, figurant une jeune femme qui danse, une branche de prunier à la main. Elle est vêtue d'un manteau à dessins d'écailles, qui s'appelle urokogata : manteau de dragon.

Signée : Shunsho, yégaku.

H. 0m305. — L. 0m150. M. Chialiva.

465. Hosoyé.

L'acteur Iwaï Hanshiro, dans le rôle d'une femme dont la gorge et les jambes sont découvertes et qui porte une bourse.

Signée : Shunsho, yégaku.

Pl. 50. — H. 0m325. — L. 0m145. M. Kœchlin.

466. Hosoyé.

L'acteur Iwaï Hanshiro figurant une lavandière qui porte un baquet rempli de linge auprès d'un ruisseau.

Signée : Shunsho, yégaku.

H. 0m290. — L. 0m150. M. Rivière.

467. Hosoyé.

Acteur tenant à la main un écran au nom d'Iwaï Hanshiro. Il représente un jeune homme qui se promène auprès d'un tertre fleuri de chrysanthèmes et de graminées.

Signée : Shunsho, yégaku.

Pl. 50. — H. 0m305. — L. 0m145. M. Rivière.

Les Nakamura.

468. Hosoyé.

L'acteur Nakamura Tomijuro figurant Keiko, une célèbre beauté de l'époque. Elle tient un miroir à la main qu'elle conjugue avec un autre miroir placé à terre sur un X.

Signée : Shunsho, yégaku.

Rep. Cat. Gillot, nº 357.

H. 0m320. — L. 0m145. M. Kœchlin.

469. Hosoyé.

L'acteur Nakamura Tomijuro, représentant une jeune femme lisant une lettre.

Signée : Shunsho, yégaku.

H. 0m290. — L. 0m125 M. Marteau.

470. Hosoyé.

L'acteur Nakamura Tomijuro, représentant une jeune fille dansant la danse Shakkio.

Signée : Shunsho, yégaku.

Pl. 52. — H. 0m315. — L. 0m150. M. Raphael Collin.

471. Hosoyé.

L'acteur Nakamura Utayémon figurant Asahara Hachiro.

Le nom de l'acteur, le nom du personnage représenté et la date 6e Meiwa (1769) sont donnés par une note manuscrite.

Signée : Shunsho, yégaku.

H. 0m315. — L. 0m145. M. de Camondo.

472. Hosoyé.

L'acteur Nakamura Matsuyé figurant la belle Tsujighimi Oman.

Date manuscrite : 9e année de Meiwa, 1772.

Signée : Shunsho, yégaku.

H. 0m315. — L. 0m140. M. de Camondo.

473. Oban.

Dans leur loge, on voit l'acteur Nakamura Nakazo, un de ses confrères, et un coiffeur qui lustre une perruque.

Au fond de la pièce, des coffres sur lesquels s'empilent des kimono, ainsi qu'un grand sabre, dans une fourre de soie.

Signée : Shunsho, yégaku.

Pl. 52. — H. 0m380. — L. 0m260. M. Vever.

Ichimura Hanéyémon.

474. Oban.

L'acteur Ichimura Hanéyémon figurant Fudo Myo-o. Il est accompagné de deux petits paysans qui représentent ses acolytes Kongara et Seïtaka.

Signée : Katsukawa Shunsho, yégaku.

H. 0m260. — L. 0m190. M. Bing.

475. Hosoyé.

L'acteur Ichimura Hanéyémon dans le rôle de Musashibo Benkei combattant désespérément au fort de Koromagawa avant que Yoshitsuné ne s'enfuie à Yézo. Assailli de toutes parts, Benkei semble une pelote à flèches.

Signée : Shunsho, yégaku.

H. 0m305. — L. 0m145. Mme Langweil.

Divers.

476. Hosoyé.

L'acteur Yamashita Mankiku dans le rôle d'une femme lisant une lettre.

Signée : Shunsho, yégaku.

H. 0m320. — L. 0m150. M. Vever.

477. Hosoyé.

L'acteur Ishikawa Monnosuké représentant le moine de Dojoji, la tête entre les mains.

Signée : Shunsho, yégaku.

Pl. 53. — H. 0m310. — L. 0m145. M. Vever.

478. Hosoyé.

L'acteur Ishikawa Yawozo figurant un bakuro (maquignon) conduisant une génisse au marché.

Date manuscrite : 9e année de Meiwa (1772).

Signée : Sunsho, yégaku.

Pl. 52. — H. 0m315. — L. 0m140. M. de Camondo.

479. Hosoyé.

L'acteur Otani Hiroji, au bord d'un ruisseau, dans le rôle d'un otokodaté.

Signée : Shunsho, yégaku.

H. 0m295. — L. 0m135. M. Rivière.

SCÈNES DE THÉATRE A PLUSIEURS ACTEURS

480. Hosoyé.

La scène de Karashibaba tuant Shirotayé dans la neige, représentée par les acteurs Nakamura Utayémon et Yoshizawa Sakinosuké.

Pièce représentée au théâtre Nakamuraza.

Date manuscrite : 6e année de Meiwa (1769).

Signée : Shunsho, yégaku.

Rep. *Japon artistique*, t. III, B J A.

Pl. 53. — H. 0m305. — L. 0m145. M. Bing.

481. Hosoyé.

L'acteur Otani Hiroji (personnage de gauche) et Danjuro (personnage de droite) figurant deux commis.

Au mur, des livres de comptes sont accrochés.

Signée : Shunsho, yégaku.

Pl. 51. — H. 0m305. — L. 0m140. M. Vever.

482. Hosoyé.

Scène de théâtre, où l'on voit Danjuro dans le rôle d'un personnage barbu, portant un attirail de fumeur, et un autre acteur, Nakamura Utayémon, en vieille femme accroupie.

Signée : Shunsho, yégaku.

H. 0m325. — L. 0m150. M. Javal.

483. Triptyque Hosoyé, coupé.

Estampe de gauche : L'acteur Ishikawa Monnosuké en un rôle de jeune homme.

Estampe centrale : L'acteur Ishikawa Yawozo en samuraï.

Estampe de droite : L'acteur Iwaï Yanshiro dans un rôle de jeune femme.

Ces trois estampes ont comme fond un semis d'éventails sur réseau de bâtons rompus. Ce fond est dit Harimazé.

Signées : Shunsho.

Éditeur, Nishimura.

H. 0m350. — L. 0m420. M. Vever.

484. Triptyque Hosoyé, coupé.

L'estampe de gauche montre l'acteur Onoyé Matsusuké dans le rôle d'un samuraï.

Estampe centrale : L'acteur Iwaï Hanshiro dans le rôle d'une courtisane.

Estampe de droite : L'acteur Ishikawa Yowogo dans le rôle d'un samuraï.

Signées : Shunsho, yégaku.

H. $0^{m}320$. — L. $0^{m}435$. M. Vever.

485. Oban.

L'acteur Ishikawa Monnosuké et l'acteur Ségawa Ishunojo, représentant une jeune femme et un samuraï.

Signée : Shunsho, yégaku.

H. $0^{m}310$. — L. $0^{m}220$. M. Mutiaux.

486. Oban.

Scène de théâtre : Courtisane lisant une lettre, cependant qu'un jeune samuraï, assis près d'elle, la regarde.

Le personnage de droite est représenté par l'acteur Nakamura Tomijuro, celui de gauche par Ségawa Kikunojo.

H. $0^{m}220$. — L. $0^{m}320$. M. Vever.

487. Oban.

Une Shirabiyoshi dansant, que regardent un noble et une dame, figurés par des acteurs : à droite, Nakayama Tomisaburo, à gauche, Osagawa Tsunéyo.

Signée du cachet de Shunsho en forme de tsubo.

H. $0^{m}380$. — L. $0^{m}255$. M. Chialiva.

SCÈNES DE THÉATRE OU LES ACTEURS NE SONT PAS IDENTIFIÉS

488. Hosoyé.

Acteur dans le rôle de Seigen, le prêtre qui avilit, en de coupables amours, son caractère sacré. Il est en haillons, décharné au point que les os transparaissent sous la peau. Il porte un chapelet et une cloche.

Signée : Shunsho, yégaku.

Cachet d'imprimeur : Marujin.

Rep. Lemoisne, *Gazette des Beaux-Arts*, 1910, t. I, p. 185.

Pl. 54. — H. $0^{m}295$. — L. $0^{m}140$. M. Vever.

489. Hosoyé.

Acteur dans le rôle d'une Shiokumi. Ce nom est celui d'une porteuse d'eau et aussi celui d'une danse (où figure la porteuse d'eau).

Signée : Shunsho, yégaku.

H. $0^{m}300$. — L. $0^{m}145$. M. Rivière.

490. Hosoyé.

Acteur figurant une jeune femme marchant dans la neige. Elle est vêtue d'un kimono noir, la tête couverte d'un voile et s'abrite sous son ombrelle.

Signée : Shunsho, yégaku.

Pl. 55. — H. $0^{m}300$. — L. $0^{m}140$. M. Mutiaux.

491. Hosoyé.

Acteur dans le rôle d'une jeune femme portant des poissons dans un panier.

Signée : Shunsho, yégaku.

H. $0^{m}305$. — L. $0^{m}150$. M. Doucet.

492. Hosoyé.

Sous un prunier couvert de neige, on voit un acteur figurant un samuraï qui tient un arc.

Signée : Shunsho, yégaku.

H. $0^{m}295$. — L. $0^{m}145$. M. Chialiva.

493. Hosoyé.

Un acteur représentant un samuraï vêtu d'un kimono gai. (On dit d'un kimono qu'il est gai quand ses couleurs sont contrastées et que son décor — ici ce sont des plumes en croix et des flèches — est à une échelle un peu excessive.)

Ce samuraï porte deux sabres démesurément longs.

Signée : Shunsho, yégaku.

H. $0^{m}310$. — L. $0^{m}145$. M. Chialiva.

494. Hosoyé.

Acteur en femme. Sous un saule elle se devêt. Son écran est tombé à terre. Déjà ses épaules sont nues et elle dénoue sa ceinture.

Pl. 55. — H. $0^{m}310$. — L. $0^{m}143$. M. Vever.

494 *bis*. Hosoyé.

Acteur tenant un sabre.

Signée : Shunsho, yégaku.

Pl. 55. — H. $0^{m}310$. — L. $0^{m}142$. M. Vever.

495. Hosoyé.

Un acteur représentant le samuraï Nakayama Tomisaburo, en costume de cérémonie. Il se promène, sous la neige, dans un jardin.

Signée : Shunsho, yégaku.

H. $0^{m}285$. — L. $0^{m}130$. M. Vever.

496. Hosoyé.

Acteur représentant un chasseur, la tête couverte de la coiffure de paille (karindo no kasa) usitée dans le sport cynégétique.

C'est la nuit. Il se tient près d'un pin, la main sur son sabre.

Cachet de Shunsho.

Pl. 55. — H. $0^{m}325$. — L. $0^{m}150$. M. Kœchlin.

497. Hosoyé.

Acteur dans le rôle d'une femme qui, sous la neige, pieds nus et son enfant dans les bras, attend une aumône à la porte d'une maison.

Signée : Shunsho, yégaku.

H. $0^{m}310$. — L. $0^{m}150$. M. Kœchlin.

498. Hosoyé.

Acteur, dans le rôle d'un samuraï, qui tient à la bouche une peinture dite Fuji no Makigari et qui représente une chasse de Yoritomo au pied du Fuji.

Signée : Shunsho, yégaku.

H. 0m305. — L. 0m130. M. Rivière.

499. Hosoyé.

Acteur représentant un homme dansant, avec un éventail.

Signée : Shunsho, yégaku.

H. 0m305. — L. 0m140. M. Doucet.

500. Trois Hosoyé (sur cinq).

Acteurs représentant des otokodaté. La série complète formerait un quintefeuille où l'on verrait les cinq otokodaté (Gonin Otoko). C'étaient cinq personnages fort paresseux, vivant d'expédients peu louables, mais braves et toujours prêts à défendre les faibles et les opprimés. Des Eviradnus un peu gouapeurs.

Signées : Shunsho, yégaku.

H. 0m320. — L. 0m435. M. Vever.

501. Hosoyé de grand format.

Acteur figurant un homme se promenant dans un pré. De son éventail dressé, où se dessine une tige de bambou, il s'abrite du soleil et sa tête est à demi recouverte d'un voile.

Signée : Shunsho, yégaku.

Rep. Barbouteau, 484.

H. 0m370. — L. 0m165. M. Bing.

502. Chuban.

Sato Tsuginobu — un officier de Yoshitsuné — brandissant sur la tête d'un adversaire terrassé un gobang (table sur laquelle se joue le jeu de go).

Signée : Katsukawa Shunsho, zu.

Pl. 53. — H. 0m255. — L. 0m185. M. Bing.

503. Hashirakaké.

Acteur en otokodaté.

Signée : Shunsho, yégaku.

Pl. 51. — H. 0m690. — L. 0m125. M. Vever.

504. Hashirakaké.

Acteur figurant un otokodaté, dans une attitude de méditation.

Signée : Shunsho, yégaku.

H. 0m670. — L. 0m120. M. Vever.

LUTTEURS

505. Hosoyé.

Acteur dans un rôle de lutteur qui a revêtu son manteau de paille et qui tient d'une main deux sabres, de l'autre un miroir. Paysage de neige dans le fond.

Signée : Shunsho, yégaku.

H. 0m305. — L. 0m135. Mme Langweil.

506. Oban.

La lutte à Yékoïn (voir n° 509). Vaste quadrilatère de loges entourant un parterre. Le tout bondé de spectateurs. Au milieu du parterre s'élève une estrade, où deux lutteurs, surveillés par l'arbitre, sont aux prises.

Signée : Katsukawa Shunsho.

Pl. 57. — H. 0m300. — L. 0m410. M. Javal.

507. Oban.

Sous la surveillance de l'arbitre Kimura Shonosuké, deux lutteurs sont aux prises. Ce sont, à droite Onogawa Kisaburo, à gauche Tanikazé Kajinosuké.

Signée : Shunsho, yégaku.

Rep. Seidlitz, pl. 10.

Pl. 56. — H. 0m360. — L. 0m500. M. Vever.

508. Oban.

Scène de lutte, dirigée par le gioji (arbitre) Kimura Shonosuké, entre les lutteurs professionnels Kajigahama Rikiyémon (celui de droite) et Sékinoto Hachiroji (celui de gauche).

Signée : Shunsho, yégaku.

H. 0m365. — L. 0m500. M. Vever.

509. Oban.

Toute une théorie de lutteurs, qu'escortent des bambins, traversant le pont de Riyogoku pour se rendre à Yékoïn, qui était alors, et qui resta jusqu'en 1909, un lieu consacré au sport de la lutte.

Signée : Katsukawa Shunsho, yégaku.

Tsuruya, éditeur.

Pl. 57. — H. 0m325. — L. 0m445. M. Vever.

SUJETS DIVERS

510. Hosoyé.

Kagiya O'Sen servant une tasse de thé.

Signée : Katsukawa Shunsho, yégaku.

Pl. 54. — H. 0m315. — L. 0m145. M. Mutiaux.

511. Oban.

Yama-Uba — avec sa chevelure hirsute et ses ongles démesurés — rentrant à la maison, accompagnée d'un singe qui porte un fagot et une branche de kaki.

Au loin, on voit Minamoto no Raïko, avec quatre serviteurs, qui observent Yama-Uba (et son fils Kintoki).

Cette estampe doit être une partie de diptyque. Sur l'autre planche, on verrait Kintoki, l'enfant rouge, jouant avec un ours.

Signée : Shunsho, yégaku.

H. 0m365. — L. 0m255. M. Vever.

512. Hashirakaké (en blanc et noir).

Tigre dans un fourré de bambous.

Signée : Shunsho.

Pl. 54. — H. 0m650. — L. 0m110. M. Doucet.

513. Hashirakaké.

Sur une terrasse, une jeune femme respire — après son bain — l'air frais d'un crépuscule d'été. Elle est vêtue d'un kimono léger qui laisse découverte sa gorge et l'une de ses jambes. Elle tient un écran sur lequel se lit le titre d'un chapitre du Genji Monogatari.

Signée : Katsukawa Shunsho, yégaku.

Pl. 54. — H. 0m685. — L. 0m165. M. Vever.

514. Hashirakaké.

Jeune femme s'éventant et regardant le vol d'un coucou, par un crépuscule estival.

Signée : Shunsho, yégaku.

H. 0m690. — L. 0m165. M. Javal.

515. Hashirakaké.

Kikujido écrivant un poème sur une feuille de chrysanthème (voir n° 24). La figure et le paysage du fond sont traités dans le style chinois.

Signée : Shunsho, yégaku.

H. 0m650. — L. 0m115. M. Hubert.

516. Hashirakaké.

Jeune fille dansant la danse Shakkiyo.

Signée : Katsukawa Shunsho, yégaku.

Pl. 51. — H. 0m680. — L. 0m125. M. Bing.

SHUNYEI

PORTRAITS D'ACTEURS

Danjuro.

517. Hosoyé.

L'acteur Danjuro figurant Sakata no Kintoki.

Signée : Shunyei, yégaku.

H. 0m310. — L. 0m145. Mme Langweil.

518. Oban.

L'acteur Ishikawa Yébizo (Danjuro) représentant un otokodaté.

Signée : Shunyei.

Publié par Marujin.

H. 0m325. — L. 0m220. M. Bing.

519. Oban.

Portrait de l'acteur Danjuro dans le rôle d'un otokodaté.

Signée : Shunyei, yégaku.

Pl. 58. — H. 0m335. — L. 0m245. M. Bing.

Niyémon.

520. Hosoyé.

L'acteur Niyémon en otokodaté.

Signée : Shunyei, yégaku.

Pl. 59. — H. 0m305. — L. 0m135. M. Jacquin.

521. Hosoyé.

L'acteur Niyémon en danseur comique.

Signée : Shunyei, yégaku.

Pl. 59. — H. 0m315 — L. 0m145. M. Vever.

522. Oban.

L'acteur Niyémon figurant un vieillard.

Signée : Shunyei, yégaku.

Pl. 58. — H. 0m315. — L. 0m235. M. Vever.

523. Hosoyé.

L'acteur Niyémon figurant un hilare samuraï.

Signée : Shunyei, yégaku.

H. 0m295. — L. 0m140. M. Chialiva.

Iwaï Hanshiro.

524. Hosoyé.

L'acteur Iwaï Hanshiro dans le rôle d'une *soka* (prostituée du rang le plus inférieur). Elle est appuyée au chambranle de la porte et se gratte la tête avec une épingle. Dans la chambre, on aperçoit la couche, qui est celle d'une basse courtisane.

Signée : Shunyei, yégaku.

H. 0m335. — L. 0m150. M. Vever.

525. Hosoyé.

Par une nuit noire, près d'un siro que borde la rivière, une jeune femme armée d'un sabre. C'est l'acteur Iwaï Hanshiro.

Signée : Shunyei, yégaku.

Pl. 60. — H. 0m305. — L. 0m125. M. Vever.

526. Hosoyé.

L'acteur Iwaï Hanshiro figurant une jeune junrei (fillette allant en pèlerinage). Elle a la tête recouverte d'une marmotte qui laisse sortir, au-dessus de chaque oreille, une mèche de cheveux.

Signée : Shunyei, yégaku.

H. 0m315. — L. 0m140. M. Kœchlin.

527. Hosoyé.

L'acteur Iwaï Hanshiro dans le rôle d'une paysanne qui conduit un cheval par la bride.

Signée : Shunyei, yégaku.

H. 0m325. — L. 0m150. M. Kœchlin.

528. Hosoyé.

L'acteur Iwaï Hanshiro dans un rôle de fillette dansant la danse Ténaraïko (danse d'écolière). Elle a, sur l'épaule, son ombrelle à laquelle est attaché un cahier de classe.

Signée : Shunyei, yégaku.

H. 0m305. — L. 0m105. M. Chialiva.

Ségawa Kikunojo.

529. Oban.

L'acteur Ségawa Kikunojo représentant une jeune femme.

Signée : Shunyei, yégaku.

H. 0m365. — L. 0m245. M. Rouart.

530. Hosoyé.

L'acteur Ségawa Kikunojo représentant une femme portant une lanterne et qui pénètre dans un cimetière. Auprès d'elle, un crâne.

Signée : Shunyei, yégaku.

Pl. 61. — H. 0m345. — L. 0m115. M. Chialiva.

Les Ishikawa.

531. Hosoyé.

L'acteur Ishikawa Komazo en daïmio.

Signée : Shunyei, yégaku.

H. 0m315. — L. 0m140. M. Vever.

532. Hosoyé.

L'acteur Ishikawa Monnosuké représentant un samuraï qui porte le Nishiki no Mihata (bannière royale en brocart).

Signée : Shunyei, yégaku.

H. 0m300. — L. 0m135. M. Bullier.

533. Oban.

L'acteur Ishikawa Yawozo représentant Sadakuro dans le Chushingura (la pièce des 47 Ronins).

Signée : Shunyei, yégaku.

H. 0m320. — L. 0m215. M. Mutiaux.

Divers.

534. Hosoyé.

L'acteur Noshiwo représentant une femme pèlerin (Rokubu). Elle porte sur le dos une hotte qui contient une statue de Boudha. D'une main elle s'appuie sur un bâton et de l'autre elle tient un petit maillet qui lui sert à frapper sur le gong fixé à sa ceinture.

Signée : Shunyei, yégaku.

H. 0m300. — L. 0m140. M. Vever.

535. Hosoyé.

Jeune femme en buste, représentée par l'acteur Yamatoya Tojaku.

Signée : Shunyei, yégaku.

H. 0m310. — L. 0m125. M. Javal.

536. Hosoyé.

L'acteur Otami Hiroji dans le rôle d'un samuraï qui projette de laver dans le sang l'offense qui lui fut faite. Il est vêtu du costume blanc de la vengeance.

Signée : Shunyei, yégaku.

H. 0m320. — L. 0m145. M. Javal.

537. Hosoyé.

Sur fond gris, l'acteur Onoyé Matusuké représentant un revenant.

Signée : Shunyei, yégaku.

Rep. Hayashi, 602.

Pl. 60. — H. 0m300. — L. 0m140. M. Bing.

538. Hosoyé.

L'acteur Nakamura Tomisaburo en otokodaté.

Signée : Shunyei, yégaku.

H. 0m325. — L. 0m145. M. Jacquin.

539. Hosoyé.

L'acteur Matsumoto Koshiro représentant un samuraï en costume de cérémonie.

Signée : Shunyei, yégaku.

H. 0m300. — L. 0m140. M. Jacquin.

540. Hosoyé.

L'acteur Osagawa Tsunéyo figurant une femme portant un tabakobon (nécessaire de fumeur). Derrière elle, un paravent décoré de bambous.

Signée : Shunyei, yégaku.

H. 0m325. — L. 0m145. M. Kœchlin.

541. Hosoyé.

L'acteur Okubo Tokugoro figurant un jeune garçon se coiffant d'un grand chapeau pour le soleil et qui porte sur un plateau un paquet, ainsi qu'un carnet pour acheter du saké à crédit.

Signée : Shunyei, yégaku.

Pl. 60. — H. 0m315. — L. 0m135. M. de Camondo.

542. Hosoyé.

L'acteur Sakata Hangoro dans le rôle d'un otokodaté, qui vient de combattre sous la pluie battante.

Signée : Shunyei, yégaku.

H. 0m295. — L. 0m135. M. Javal.

543. Oban.

L'acteur Yamakazé Riyuzo dans un rôle d'otokodaté. Un manteau violet recouvre son kimono vert. Sur l'épaule, il porte une couverture.

Signée : Shunyei, yégaku.

H. 0m360. — L. 0m230. M. Chialiva.

544. Oban, à fond d'argent.

L'acteur Bando Shinsui dans le rôle de Soga no Goro.

Par le fond, le style, le faire et le coloris, cette estampe évoque un Sharaku.

Signée : Shunyei, yégaku.

H. 0m315. — L. 0m215. M. Mutiaux.

SCÈNES DE THÉATRE OU LES ACTEURS NE SONT PAS IDENTIFIÉS

545. Oban.

Portrait d'acteur, sur fond gris.

Signée : Shunyei, yégaku.

H. 0m310. — L. 0m215. M. Jacquin.

546. Hosoyé.

Acteur figurant une femme qui, près d'une cascade, regarde un dragon s'élevant vers la nue.

Signée : Shunyei, yégaku.

Pl. 61. — H. 0m310. — L. 0m145. M. Vever.

547. Hosoyé.

Un paysage montagneux. Sur la route, bordée de pins, marchent trois femmes. Ce sont Oishi, la femme de Yuranosuké, sa belle-sœur Kouami et une servante.

Scène qui se passe au 8e acte du drame des 47 Ronins.

Signée : Shunyei, yégaku.

Rep. *Masterpieces*, t. II, pl. 67.

Pl. 62. — H. 0m320. — L. 0m145. M. Javal.

548. Oban, rogné.

Acteur en samuraï, fond gris (cf. 545).

Signée : Shunyei, yégaku.

Pl. 61. — H. 0m350. — L. 0m220. M. Kœchlin.

549. Hosoyé.

Acteur figurant un jishimban (le veilleur de nuit de jadis). Il sort d'un passage, sa pipe à la bouche. Sur un écriteau on lit : Attention au feu ! Le passage sera fermé à 4 heures (10 heures, selon le mode actuel).

Signée : Shunyei, yégaku.

Rep. Hayashi, 613.

Pl. 60. — H. 0m330. — L. 0m145. M. Du Pré de Saint-Maur.

550. Oban.

Acteur figurant une courtisane. Fond gris.

Signée : Shunyei, yégaku.

H. 0m380. — L. 0m255. M. Jacquin.

551. Hosoyé.

Acteur figurant une femme qui visite l'échoppe d'un marchand d'éventails (Takinoya).

Signée : Shunyei, yégaku.

H 0m320. — L. 0m145. M. Vever.

552. Oban.

Acteur figurant une femme en voyage.

Signée : Shunyei, yégaku.

H. 0m375. — L. 0m245. M. de Camondo.

553. Hosoyé.

Acteur dans un rôle de femme. Elle est vêtue d'un kimono noir à pois blancs.

Signée : Shunyei, yégaku.

H. 0m295. — L. 0m135. M. Doucet.

554. Oban.

Acteur représentant un goten-jochu (serviteur de la femme d'un daïmio). Son kimono vert est orné de branches de saule couvertes de neige.

Signée : Shunyei, yégaku.

Pl. 59. — H. 0m370. — L. 0m240. M. Mutiaux.

555. Oban.

Acteur figurant un daïmio.

Signée : Shunyei, yégaku.

Pl. 63. — H. 0m360. — L. 0m245. M. Vever.

LUTTEURS

556. Oban.

Le lutteur Tanikazé, rentrant chez lui, portant un arc, signe de sa victoire. Il semble harassé et s'essuie avec une serviette. Auprès de lui, son élève Takino-oto jubile.

Signée : Shunyei, yégaku.

Pl. 64. — H. 0m390. — L. 0m245. M. Vever.

557. Oban.

Les lutteurs Kagami-iwa et Yamaoroshi dansant la danse Jinku.

Signée : Shunyei, yégaku.

H. 0m380. — L. 0m260. M. de Camondo.

SUJETS DIVERS

558. Oban.

Jeune fille dansant la danse Sambaso.

Cette estampe était destinée à servir de modèle pour un *oshi-yé*. On en eût reproduit le contour sur un carton, la tête et les mains eussent été aquarellés, et le costume confectionné par des morceaux de soie bourrés d'ouate pour donner le relief du corps.

Signée : Shunyei, yégaku.

H. 0m370. — L. 0m240. M. Rouart.

559. Oban.

Vue du temple de Uyéno, à Yédo.

Signée : Katsukawa Shunyei.

Publiée par Tsuruya.

H. 0m230. — L. 0m360. M. Javal.

560. Uchina.

A la porte d'une diseuse de bonne aventure, une jeune personne enceinte hésite à entrer. Très intimidée, elle ne suit qu'à pas contraints l'homme — père, mari, amant? — qui l'attire par la main.

Signée : Shunyei, yégaku.

Rep. Lemoisne, *Gazette des Beaux-Arts*, 1910, t. I, p. 177.

Pl. 62. — H. 0m205. — L. 0m245. M. Bing.

561. Hashirakaké.

Un singe a arraché des mains d'une jeune fille la lettre qu'elle lisait et, cette niche accomplie, s'est réfugié sur un sapin. La jeune fille, que son galant soulève, tente de reprendre son bien.

Signée : Shunyei, yégaku.

H. 0m555. — L. 0m115. M. Deligand.

SHUNKO

PORTRAITS D'ACTEURS

Iwaï Hanshiro.

562. Hosoyé.

L'acteur Iwaï Hanshiro figurant une femme en kimono noir qui se promène par un jour de neige.

Signée : Shunko, yégaku.

H. 0m300. — L. 0m135. M. Javal.

563. Hosoyé.

L'acteur Iwaï Hanshiro figurant Hisamatsu, le commis d'un marchand d'huile, dans la pièce *Osomé-Hisamatsu.*

Il tient à la main une abaque. Accrochées au mur, dans un rouleau de papier, les lettres et factures du marchand.

Signée : Shunko, yégaku.

Pl. 65. — H. 0m305. — L. 0m145. M. Rivière.

564. Hosoyé.

L'acteur Iwaï Hanshiro dans un rôle de femme.

Signée : Katsukawa Shunko, yégaku.

Rep. Seidlitz, pl. 11.

H. 0m310. — L. 0m140. M. Kœchlin.

565. Hosoyé.

Dans un paysage de neige, l'acteur Iwaï Hanshiro, en un rôle de femme, frappe avec des pivoines un homme, représenté par l'acteur Danjuro.

Signée : Shunko, yégaku.

H. 0m290. — L. 0m135. M. Vever.

Ségawa Kikunojo.

566. Hosoyé.

L'acteur Ségawa Kikunojo dans un rôle de femme.

Signée : Shunko, yégaku.

H. 0m310. — L. 0m140. M. Mutiaux.

567. Hosoyé.

L'acteur Ségawa Kikunojo dans le rôle d'une paysanne portant le déjeuner à son mari, qui travaille aux champs. Elle a sur sa tête un plat et une théière à la main.

Signée : Shunko, yégaku.

H. 0m315. — L. 0m145. M. Vever.

Les Ishikawa.

568. Hosoyé.

L'acteur Ishikawa Monnosuké, représentant un des 47 Ronins : Kayano Kampei (de son vrai nom, Hayano Sampei).

Par une nuit noire, sous la pluie battante, il chemine, vêtu d'un manteau de paille. Il arme son fusil.

Signée : Shunko, yégaku.

H. 0m325. — L. 0m145. M. Rivière.

569. Hosoyé.

L'acteur Ishikawa Monnosuké, représentant un samuraï jouant du tsuzumi.

Signée : Shunko, yégaku.

H. 0m295. — L. 0m135. M. Bullier.

570. Hosoyé.

L'acteur Ishikawa Komazo, représentant Soga no Goro. Il est coiffé d'un large chapeau de paille.

Signée : Shunko, yégaku.

H. 0m305. — L. 0m145. M. Javal.

Divers.

571. Hosoyé.

L'acteur Osagawa Tsunénojo dans le rôle d'une femme qui, les mains devant elle, s'apprête à combattre. Il fait nuit, et sur le ciel noir se profilent les menues branches d'un saule.

Signée : Shunko, yégaku.

Pl. 65. — H. 0m305. — L. 0m135. M. Vever.

572. Hosoyé.

L'acteur Danjuro dans le rôle de la colérique et jalouse Iwafuji, qui brandit une sandale. Elle s'apprête à frapper la douce Onoyé, qu'on verrait sur l'estampe complétant le diptyque.

Le titre de la pièce où figurent ces deux héroïnes est *Kagami Yama.*

Signée : Shunko, yégaku.

H. 0m300. — L. 0m135. M. Bing.

573. Hosoyé.

L'acteur Nakayama Tomisaburo dansant la danse Kyoran. Il tient à la main une tige de bambou.

Signée : Shunko, yégaku.

H. 0m300. — L. 0m135. M. Ducoté.

574. Hosoyé.

L'acteur Osagawa Tsunéyo dans le rôle d'une courtisane. Elle lève la main vers quelque advenant — à la cantonade — comme pour l'inviter à patienter.

Signée : Katsukawa Shunko, yégaku.

Pl. 65. — H. 0m310. — L. 0m140. M. Vever.

575. Hosoyé.

L'acteur Okubo Tokugoro dans le rôle d'un homme qui se tient sur un hagamochi (grande malle).

Signée : Katsukawa Shunko, yégaku.

Pl. 65. — H. 0m295. — L. 0m125. M. Rouart.

576. Hosoyé.

L'acteur Onoyé Matsusuké figurant un samuraï qui tient un éventail décoré d'un faucon. Dans le fond, on aperçoit une arête du Fuji.

Probablement cette estampe se complète d'une autre où l'on voit une femme portant un panier d'aubergines. Le diptyque offre alors les trois rêves de bonheur : le Fuji, le Fauconnier, l'Aubergine.

Signée : Shunko, yégaku.

H. 0m305. — L. 0m145. M. Javal.

577. Hosoyé.

L'acteur Yamakazé Riyuzo représentant une fleuriste. Elle est debout devant son éventaire et attend le chaland.

Signée : Shunko, yégaku.

H. 0m300. — L. 0m135. M. Bullier.

SCÈNES DE THÉATRE A PLUSIEURS PERSONNAGES

578. Oban.

Portraits des plus célèbres acteurs de Yédo.

Estampe publiée en novembre 1779.

Signée : Katsukawa Shunko, fudé.

Pl. 66. — H. 0m360. — L. 0m505. M. Vever.

579. Triptyque Hosoyé.

Suwa Unéménosuké et Suwa Kazumanosuké s'apprêtant à tuer leur oncle Suwa Hyotada, qui fut le meurtrier de leur père.

Les deux jeunes hommes sont représentés, celui de gauche par l'acteur Matsumoto Koshiro, et celui de droite par Ishikawa Kinsho.

Signée : Shunko, yégaku.

H. 0m295. — L. 0m425. M. Bullier.

580. Hosoyé.

L'acteur Onoyé Matsusuké dans sa loge. Il se coiffe d'un éboshi. Derrière lui, son kongo (valet), qui porte un sabre démesurément long.

Signée : Shunko, yégaku.

H. 0m305. — L. 0m140 M. Rouart.

SCÈNES DE THÉATRE OU LES ACTEURS NE SONT PAS IDENTIFIES

581. Hosoyé.

Acteur représentant une dame qui porte un arc et des flèches.

Signée : Shunko, yégaku.

Rep. Lemoisne, *Gazette des Beaux-Arts*, 1910, t. I, p. 189.

Pl. 67. — H. 0m310. — L. 0m135. M. Bouasse-Lebel.

582. Hosoyé.

Acteur dans le rôle d'un otokodaté.

Signée : Shunko, yégaku.

H. 0m305. — L. 0m140. M. Bullier.

583. Hosoyé.

Acteur représentant un Shikoku-Maïri (pèlerin qui visite tous les temples de la province de Shikoku).

Signée : Shunko, yégaku.

H. 0m310. — L. 0m145. M. Javal.

584. Hosoyé.

Acteur dans le rôle d'un samuraï, qui s'apprête à défendre un enfant noble. Il porte dans sa bouche un petit sabre enveloppé d'une fourre de soie.

Signée : Shunko, yégaku.

H. 0m300. — L. 0m140. M. Javal.

585. Hosoyé.

Acteur représentant un vieillard vêtu d'un kimono court et portant, éloignée de lui, cachée sous une étoffe, la Tama (perle sacrée).

Signée : Shunko, yégaku.

H. 0m315. — L. 0m135. M. Jacquin.

LUTTEURS

586. Oban.

Portraits de trois lutteurs :

A droite, Onogawa. Au centre, Kimenzan. A gauche, Fudé no Umi.

Signée : Shunko, yégaku.

Pl. 64. — H. 0m380. — L. 0m245. M. de Camondo.

587. Oban.

Portraits de trois lutteurs :

A droite, Washigahama. Au centre, Kajigahama. A gauche, Dimizugawa.

Signée : Shunko, yégaku.

H. 0m375. — L. 0m255. M. de Camondo.

SHUNJO

588. Hosoyé.

L'acteur Ségawa Kikunojo représentant une jeune femme auprès d'une moustiquaire.

Signée : Shunjo, yégaku.

Rep. Gillot, 429.

Pl. 67. — H. 0m310. — L. 0m135. M. Kœchlin.

589. Hosoyé.

L'acteur Iwaï Yanshiro en femme.

Signée : Shunjo, yégaku.

H. 0m310. — L. 0m145. M. Bouasse-Lebel.

590. Hosoyé.

L'acteur Ségawa Kikunojo dans le rôle d'une jeune femme assise près de sa moustiquaire, vêtue d'un léger peignoir de nuit et qui cherche à retenir par son sabre un fugace ami. L'ami, d'ailleurs, a déjà quitté l'estampe. On le verrait sur le complément du diptyque.

Signée : Shunjo, yégaku.

H. 0m270. — L. 0m145. M. Bing.

591. Diptyque Hosoyé.

Scène de théâtre montrant, sous la pluie, près d'un mur où une large brèche est ouverte, un samuraï portant une lanterne et une ombrelle, parlant à une servante. L'acteur de gauche est Matsumoto Koshiro.

Une des feuilles du diptyque est signée : Shunjo, yégaku.

H. 0m305. — L. 0m290. M. Vever.

SHUNTOKU

592. Hosoyé.

L'acteur Iwaï Hanshiro dans un rôle de femme en kimono blanc et capuchon noir, et qui tient à la main une branche de cryptoméria.

C'est un portrait commémoratif de l'acteur, mort le 28 mars de la 12e année de Kwansei (1800), à l'âge de 54 ans. Son kaïmyo étant : Ten-i-in Chisen Nichi yo Shinshi. Le kaïmio est le nom qu'un prêtre bouddhiste donne à tout défunt.

Signée : Shuntoku, yégaku.

Rep. Hayashi, 780.

Pl. 67. — H. 0m310. — L. 0m140. M. Mutiaux.

SHUNTEI

593. Oban.

Kajiwara Kagesuyé, son arc dans la bouche, s'apprête à franchir la rivière Uji sur son cheval, dont il resserre la sangle.

Signée : Shuntei, yégaku.

H. 0m330. — L. 0m220. M. Bing.

SHUNRI

594. Oban.

Acteur représentant Oboshi Rikiga (de son vrai nom Oishi Chikara), un des Ronins, le fils de Oishi Kuranosuké. Il s'apprête à combattre. Son sabre nu à la main, il retrousse ses manches.

Signée : Shunri, yégaku.

Rep. Hayashi, 771.

H. 0m370. — L. 0m140. M. Vever.

SHUNSEN

595. Hosoyé.

L'acteur Ségawa Manzo, représentant une femme montée sur une vache et accompagnée par une petite fille.

Transposition en style populaire de Roshi avec son petit serviteur.

Signée : Shunsen, yégaku.

Pl. 62. — H. 0305. — L. 0135. M. Chialiva.

ESTAMPES NON SIGNÉES

596. Hosoyé.

Acteur représentant, sous un saule, son grand chapeau tout dépenaillé, le prêtre Seigen. (Voir n° 488.)

Non signée.

H. 0m305 — L. 0m120. M. Ducoté.

597. Hosoyé.

Dans la nuit, un acteur, dans un rôle de femme, portant une lanterne.

Non signée.

Pl. 67. — H. 0m285. — L. 0m140. M. Vever.

598. Hosoyé.

L'acteur Ségawa Kikunojo dans le rôle d'un jeune samuraï.

Non signée.

H. 0m270. — L. 0m125. Mme Langweil.

599. Oban, rognée en Hosoyé.

Deux jeunes femmes goûtant le charme d'une soirée d'été.

Non signée (la signature ayant disparu dans la mutilation qu'a subie l'estampe).

H. 0m340. — L. 0m150. M. Vever.

600. Oban.

Les courtisanes Nanakoshi et Kataraï. De la série des Gwashi Saïkenzu (Illustrations).

Non signée.

Pl. 63. — H. 0m370. — L. 0m250. M. Raphael Collin.

601. Oban.

L'acteur Ishikawa Danjuro parlant à son kongo (domestique d'acteur) dans sa loge, toute encombrée d'ustensiles de toilette, de perruques, de coffres.

Non signée.

H. 0m360. — L. 0m245. M. Bing.

602. Uchiwayé (éventail).

L'acteur Ishikawa Danjuro, représentant le chef des 47 Ronins Oishi Kuranosuké Yoshio — qui porte au théâtre le nom de Oboshi Yuranosuké. (Les 47 Ronins ne sont jamais figurés à la scène sous leurs véritables noms, mais sous des sobriquets qui les évoquent.)

Non signée.

Pl. 67. — H. 0m190. — L. 0m125. M. Bullier.

LIVRES EXPOSÉS

COLLECTION VEVER

HARUNOBU

Yéhon Kokiran. *Scènes de la vie ordinaire.* 3 volumes. *1763.*

Yéhon hana Katsura. *Poésies illustrées.* 3 volumes. *1765.*

Yéhon chiyo no matsu. *Les Vertus des femmes comparées à la vertu éternelle des pins.* 3 volumes. *1767.*

Yéhon warabé no moto. *Le But auquel les enfants doivent tendre.*
Auteur : *Tokusoshi.*
Dessinateur : *Harunobu.*
Graveur : *Ino-ouyé Shinshichi.*
3 volumes. *1767.* Yédo, chez Minoya Heishichi.

Yéhon haru no nishiki. *Brocards du printemps.* 2 volumes (sans date). Imprimé en couleurs.

Tôto meisho. *Endroits célèbres de la capitale*, en couleurs. 1 volume.

Yoshiwara bijin awasé. *Rivalités de la beauté au Yoshiwara.* 5 volumes. *1770*, en couleurs.

KORIUSAI

Kusatsu Yamato Sogwa. *Diverses choses en dessins cursifs.* 3 volumes. *1786.*

SHUNSHO

Yéhon yébukiyama. *Guerriers célèbres.* 1 volume. *1778.*

Yukusha natsu no Fuji. *Les acteurs comparés au mont Fuji.* 2 volumes réunis en un seul. *1780.*

Yéhon tsughiho no hana. *Les Fleurs de tiges greffées.* 3 volumes. *1790.*

EN COLLABORATION AVEC BUNCHO

Yéhon butaï ogni. *Acteurs en éventails.* 3 volumes. *1770.*

EN COLLABORATION AVEC KITAO SHIGHEMASA

Seïro bijin awasé sougata kagami. *Miroir des beautés de la maison verte.* 3 volumes. *1776.*

Yéhon takarano itoguchi. *Travaux des vers à soie.* 1 volume. *1786.*

SHUNYEI

Daïtsu. *Proverbes illustrés.* 1 volume.

Chosha. Roman. 1 volume.

Sumô Kongô zuyé. *Les Lutteurs célèbres.* 1 volume. *1784.*

EN COLLABORATION AVEC SHUNSHO

Imawa mukashi. *Contes des monstres d'autrefois.* 3 volumes. *1790.*

Hana yéhon chushingusa. *Drame des 47 Ronins.* 2 volumes. *1793.*

Yumibukuro. *Le Sac de l'arc.* 2 volumes réunis en un seul. *1801.*

EN COLLABORATION AVEC TOYOKUNI

Gekijô Kumoi no zuyé. *Encyclopédie des théâtres.* 8 volumes réunis en 5. *1806.*

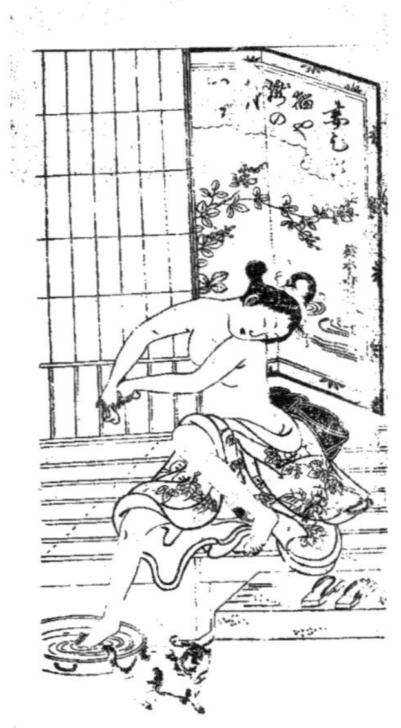

9

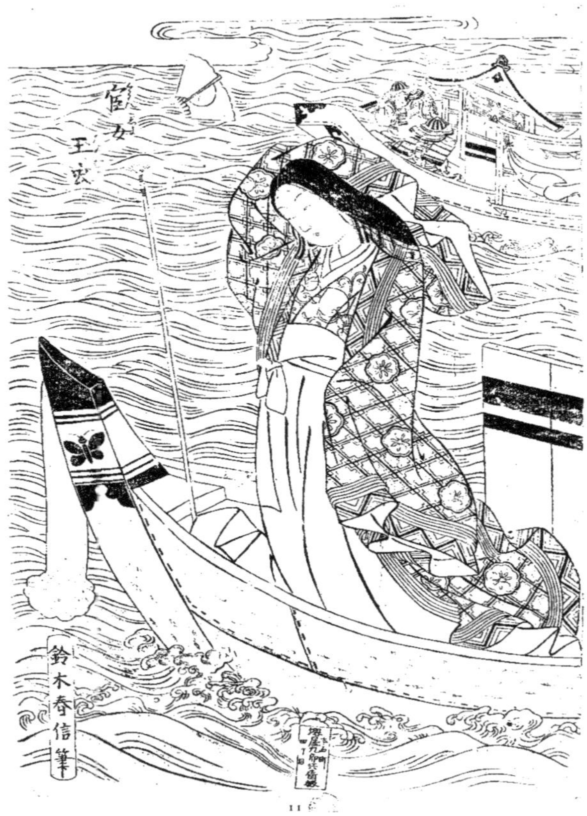

11

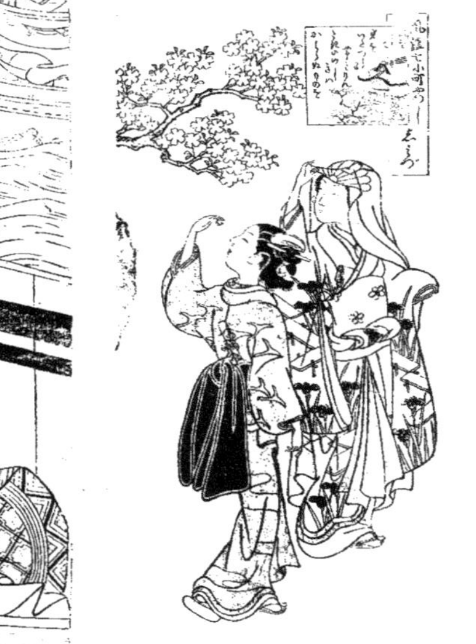

4

PL. I

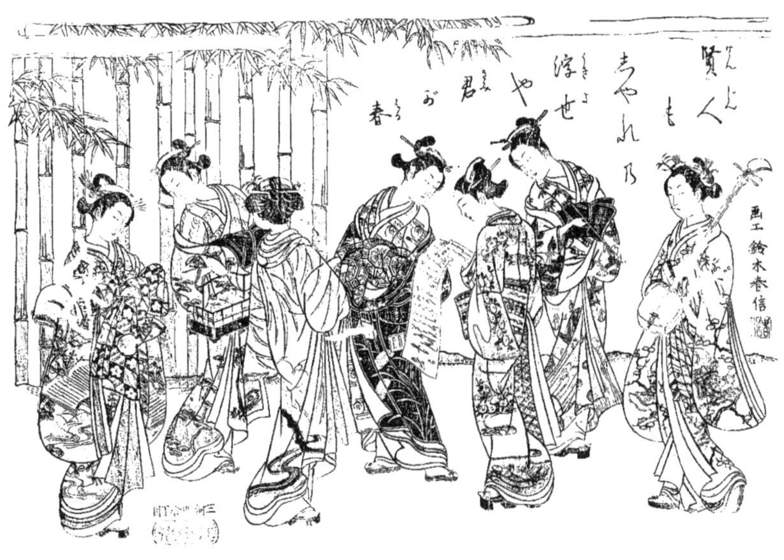

16

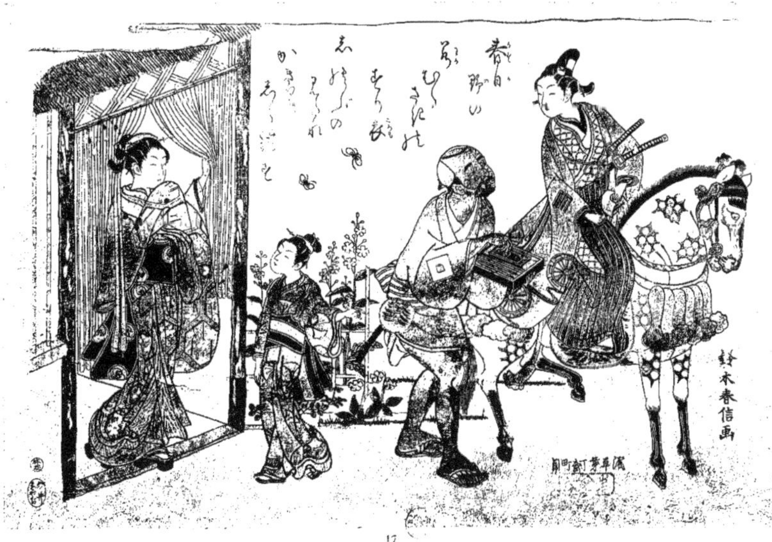

17

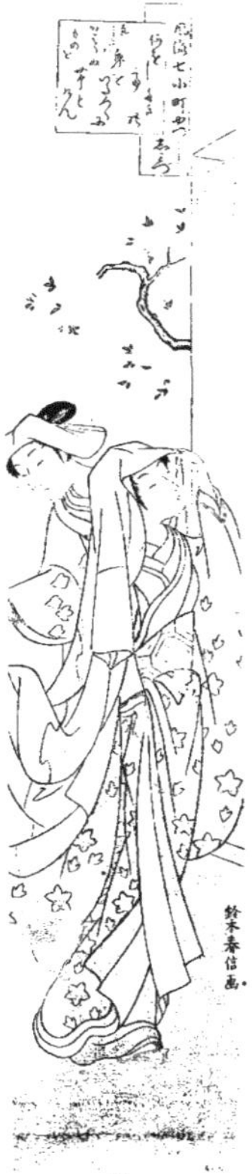

22

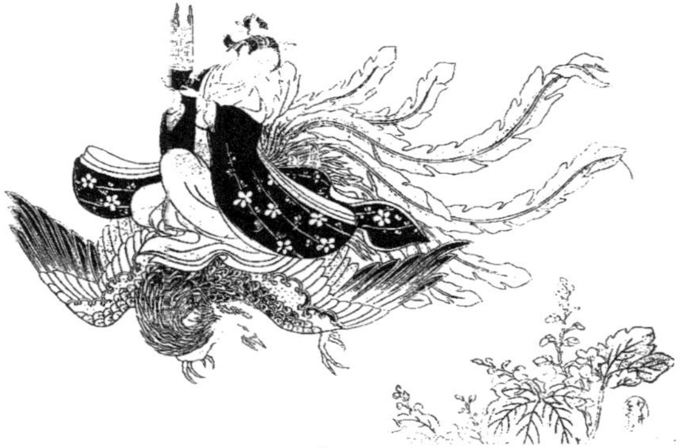

37

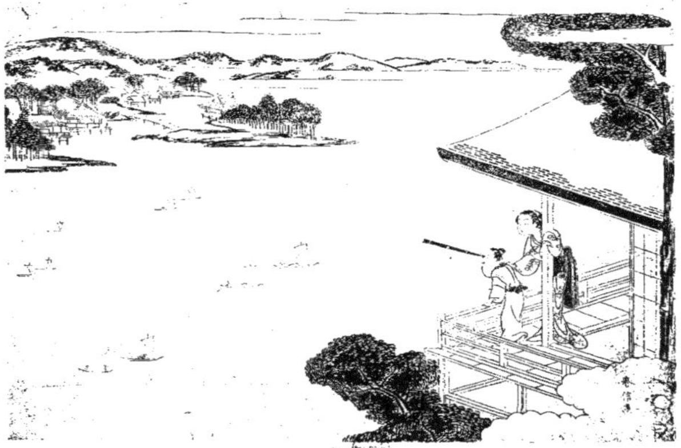

29

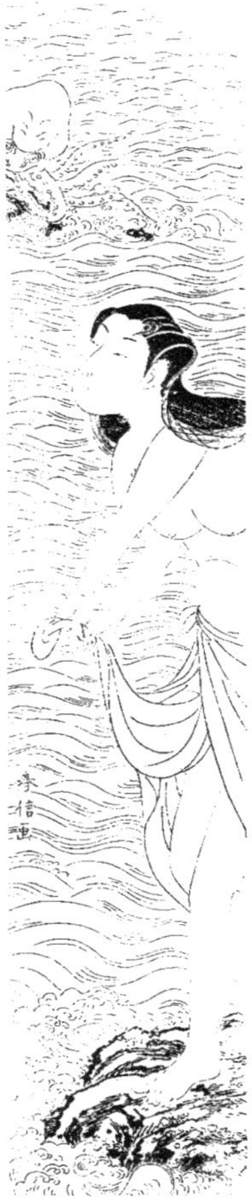

PL. III

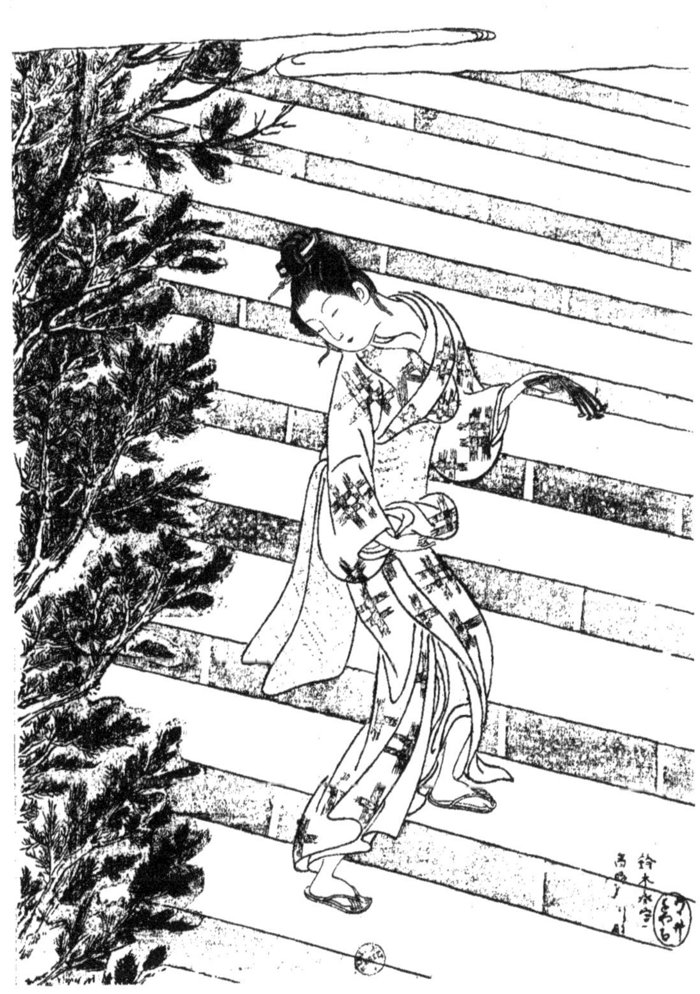

FAC-SIMILE PAR ANDRE MART

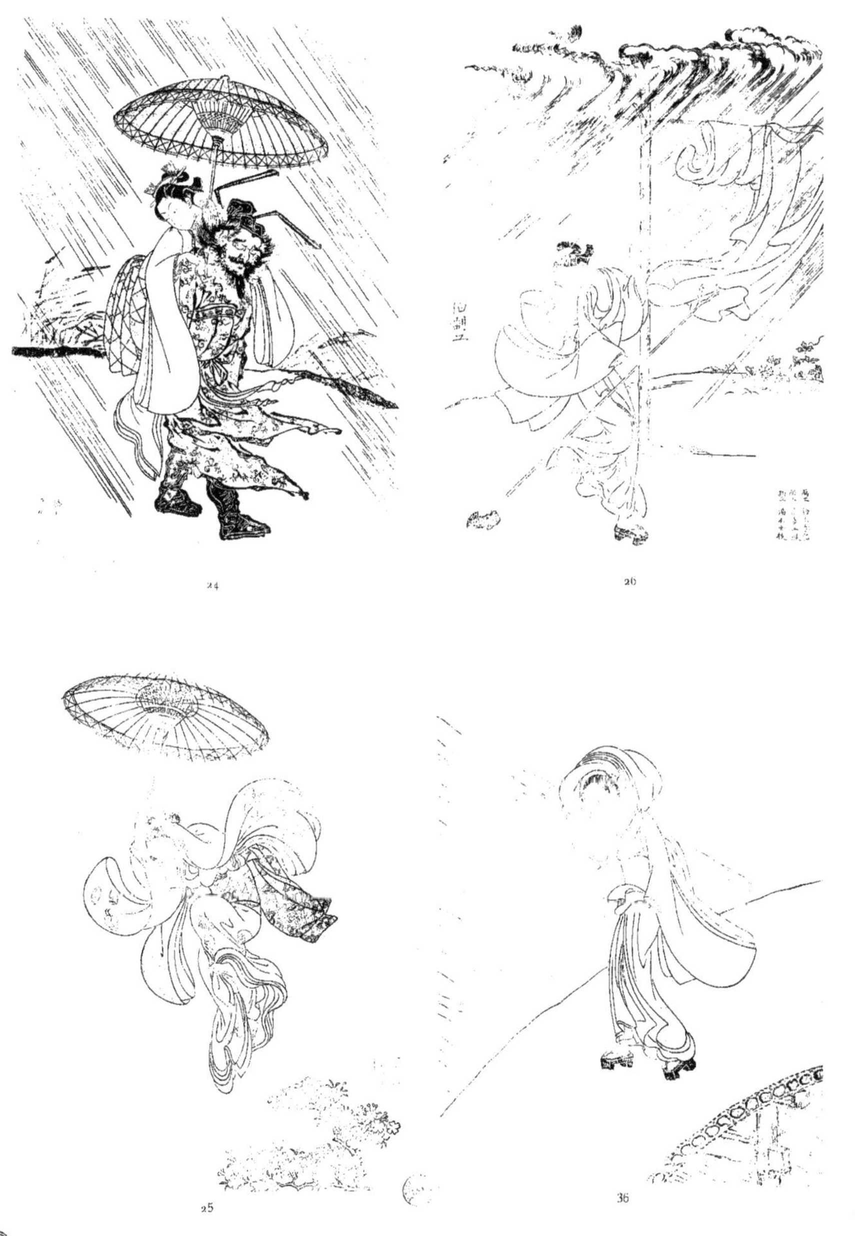

24

26

25

36

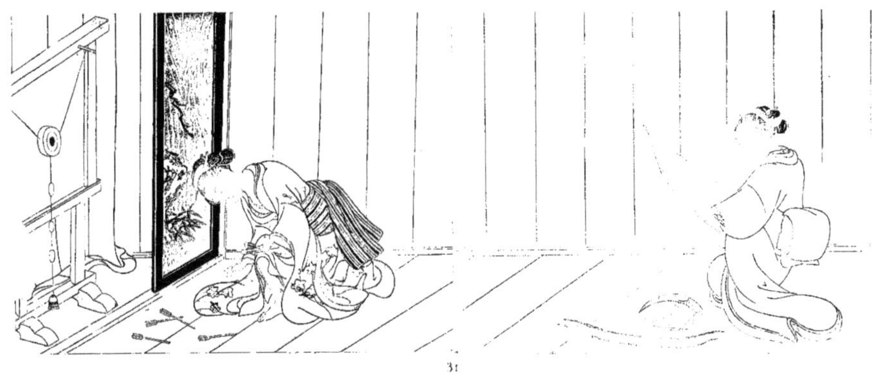

31

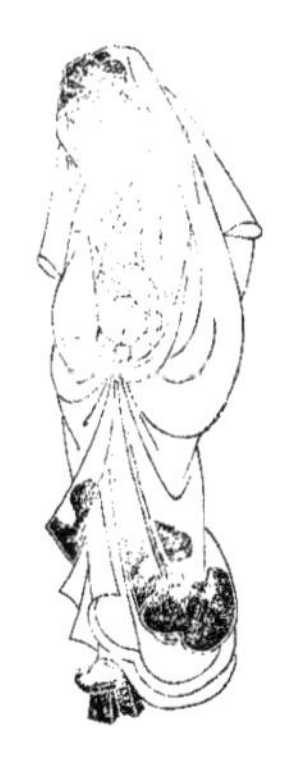

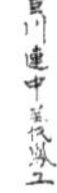

43

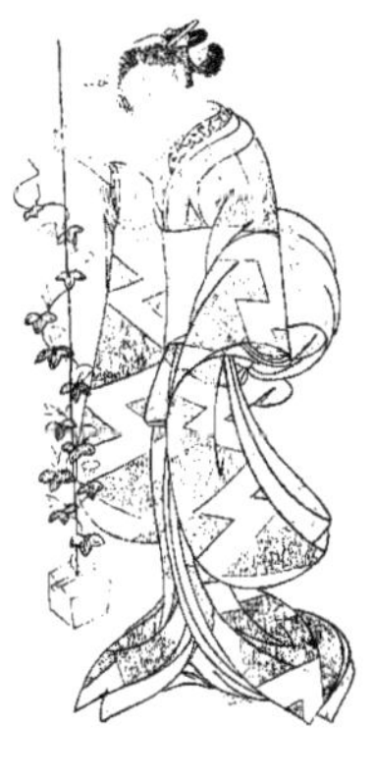

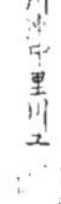

44

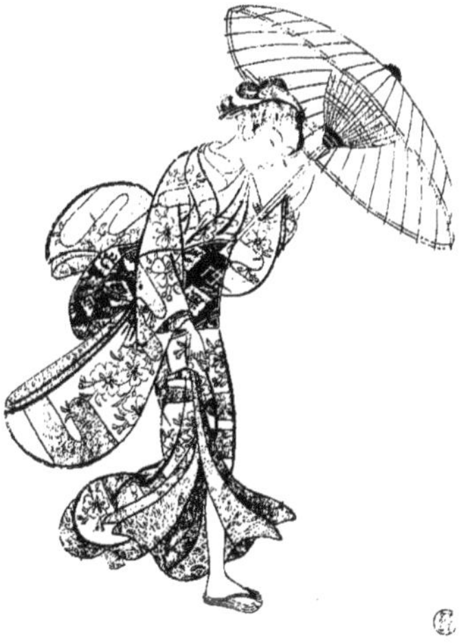

45

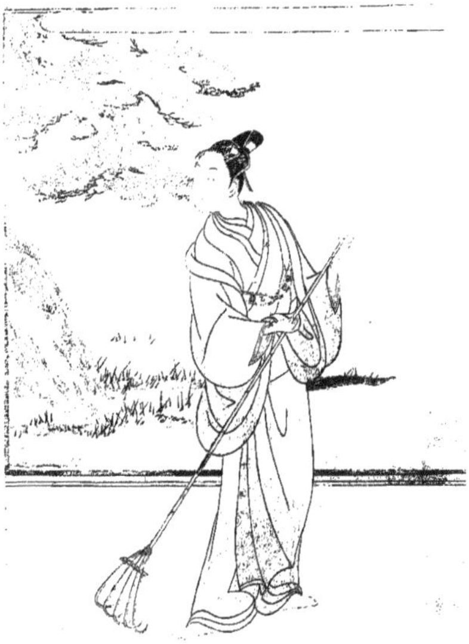

33

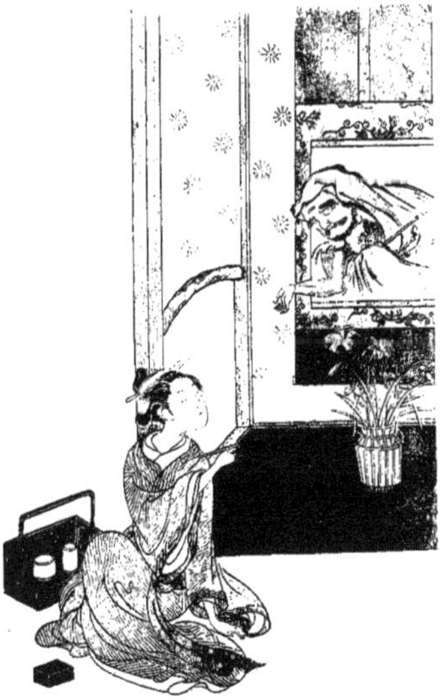

48

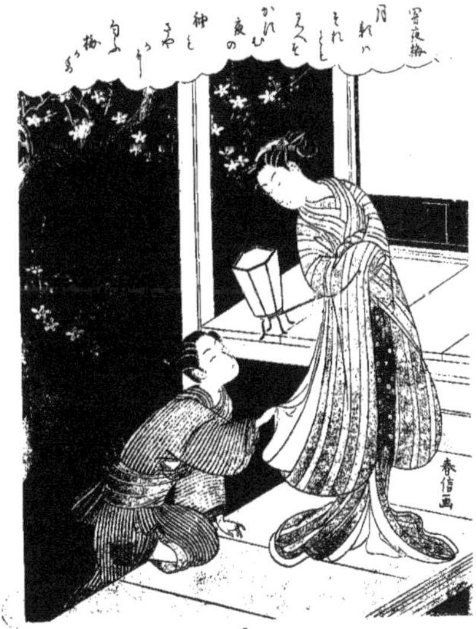

52

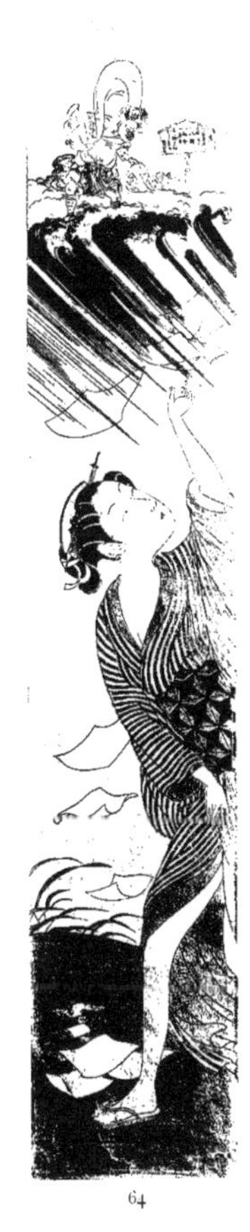

64

86

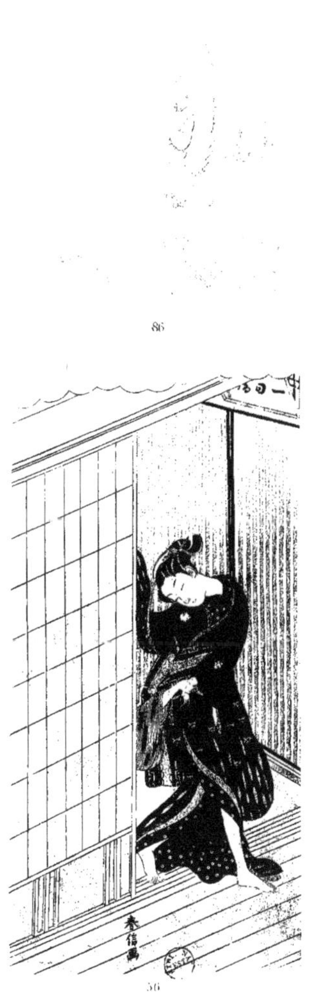

56

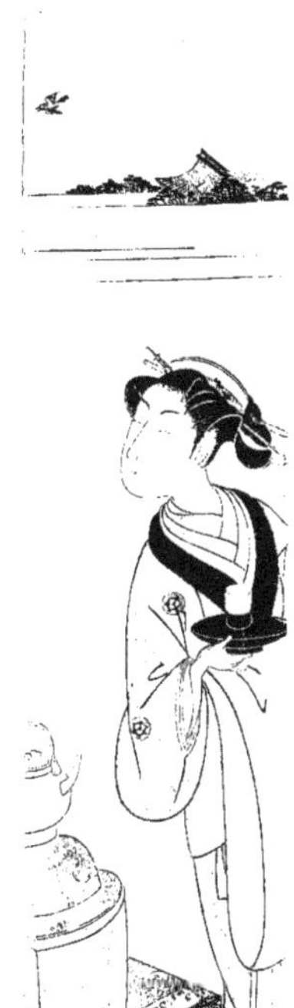

61

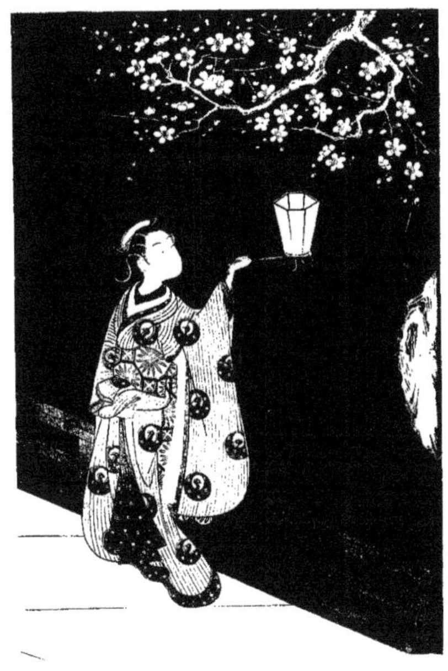

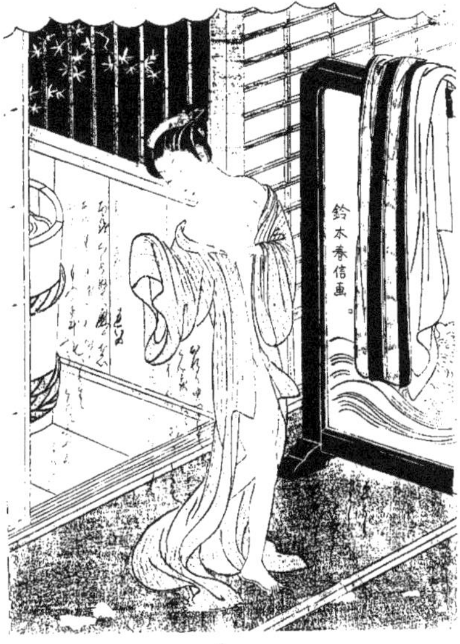

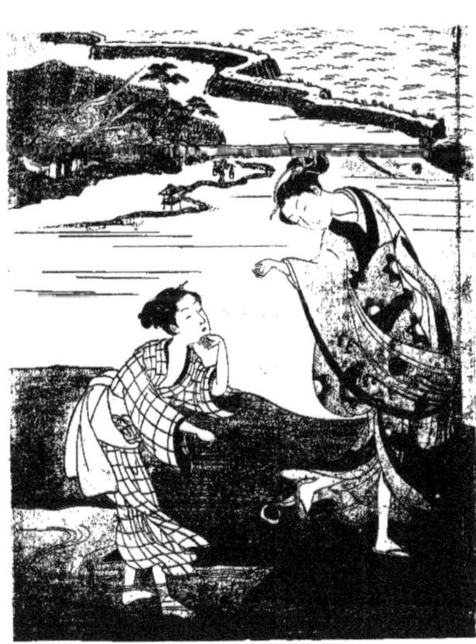

60

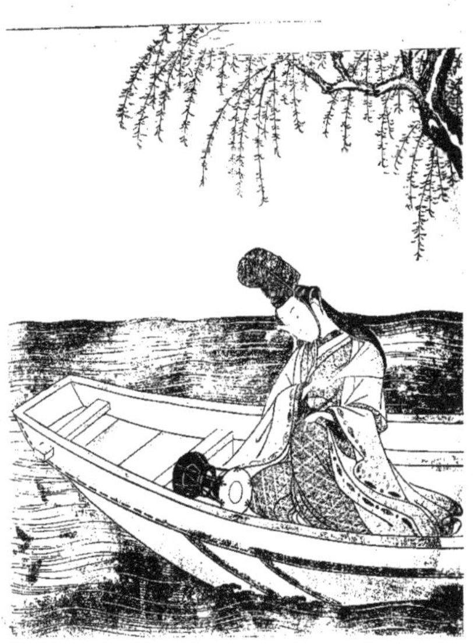

72

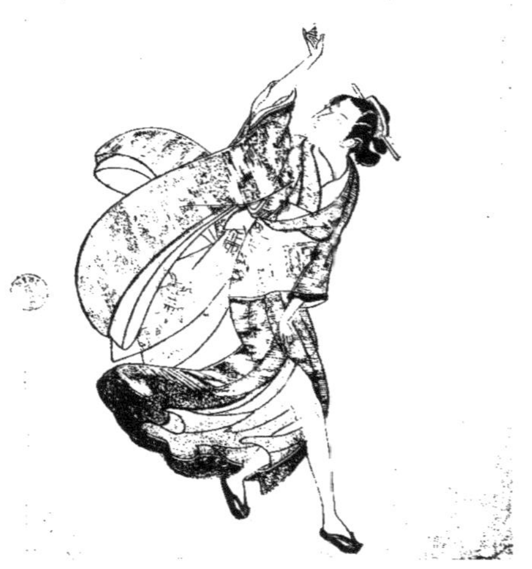

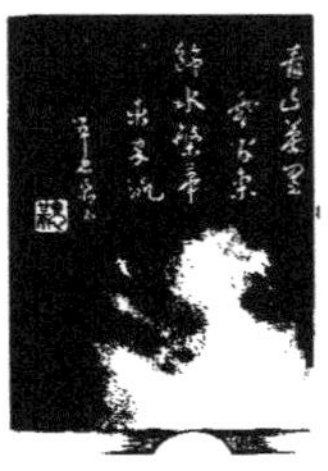

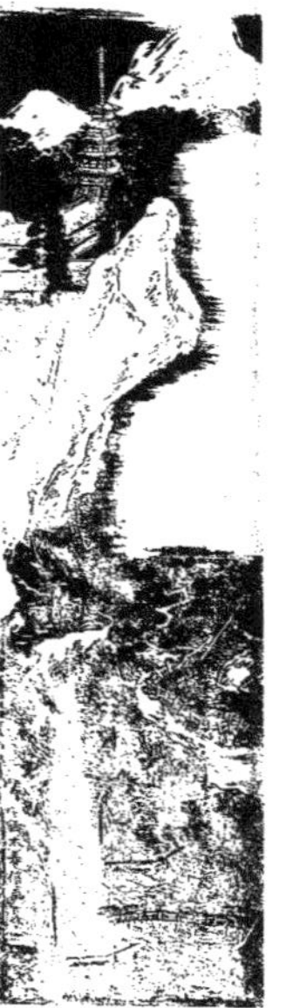

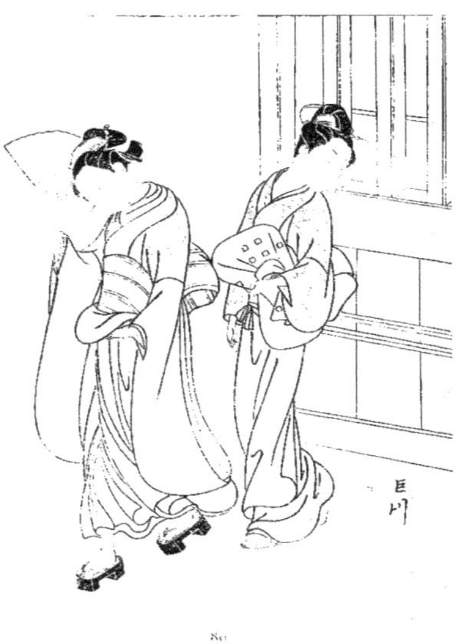

PL. X

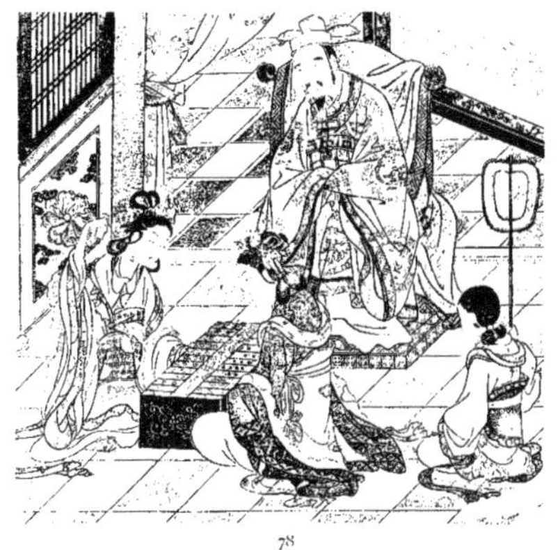

78

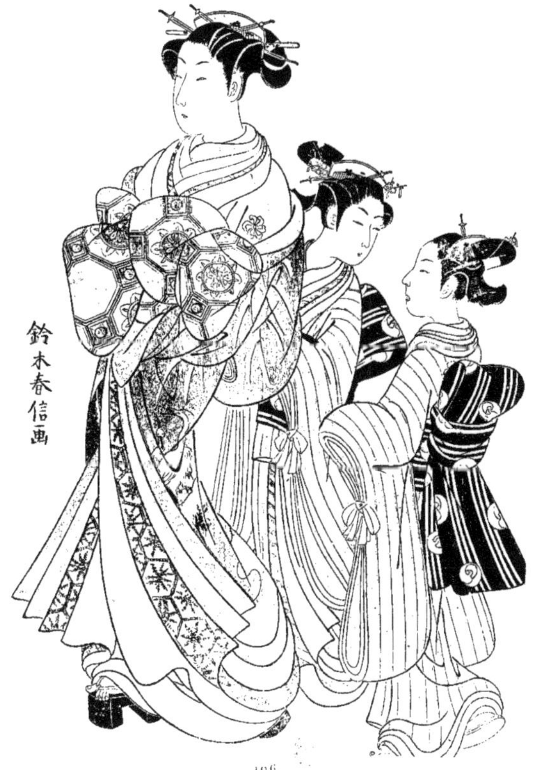

106

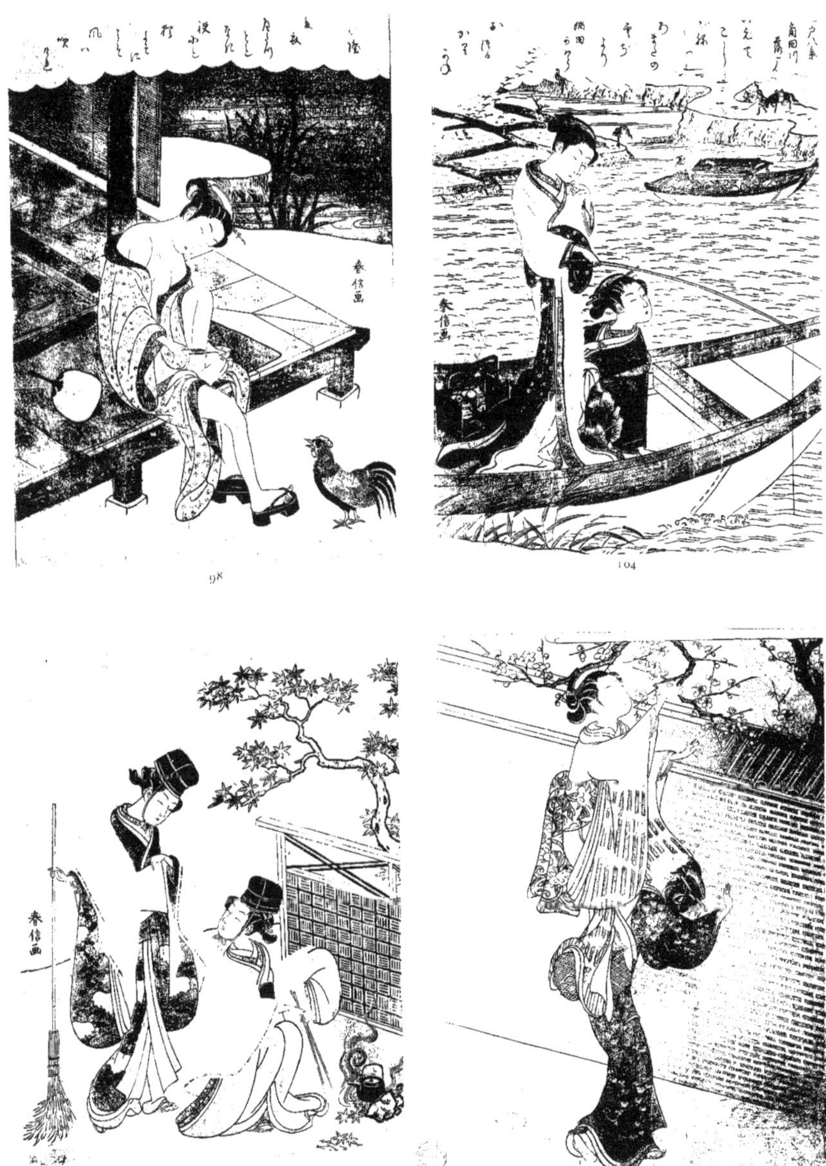

98

104

130

115

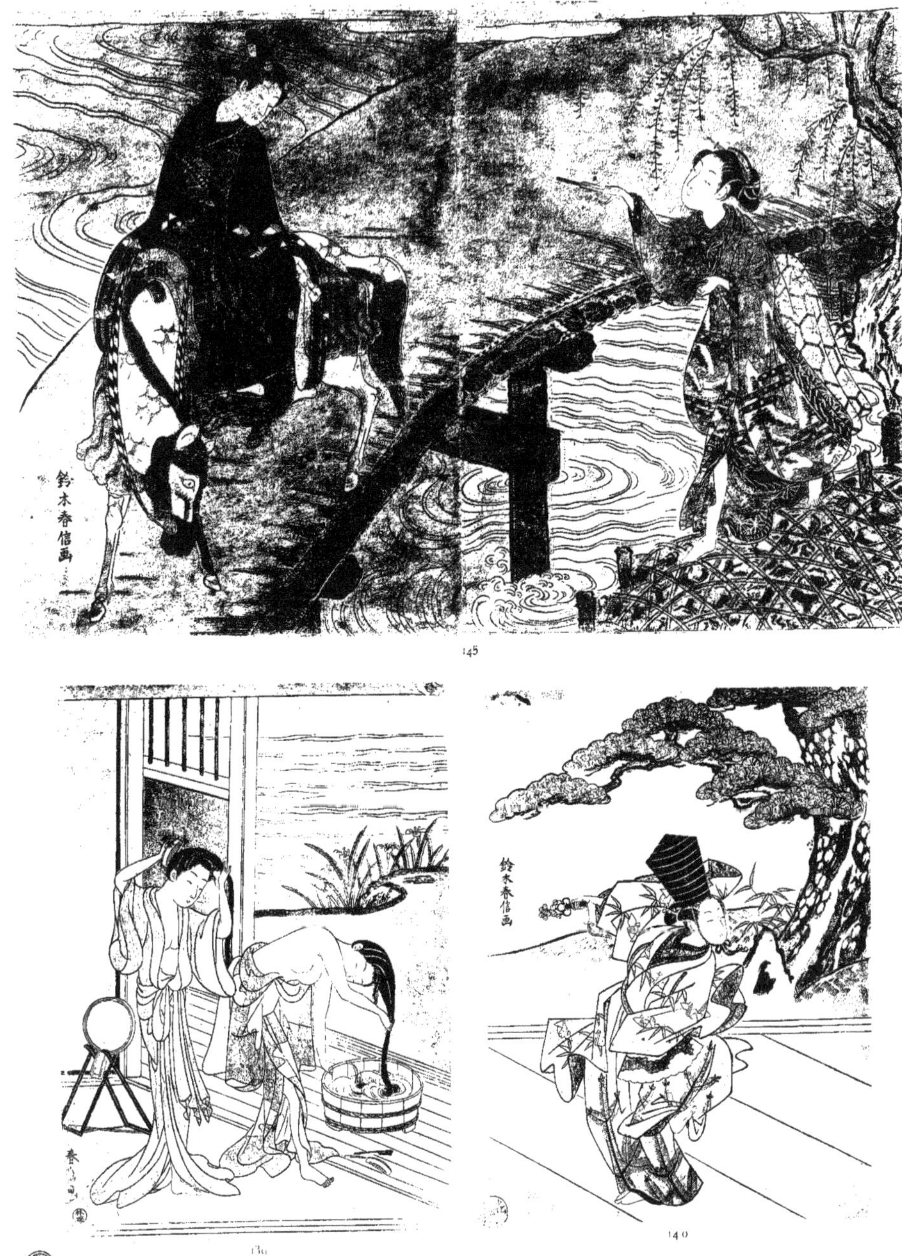

145

139

140

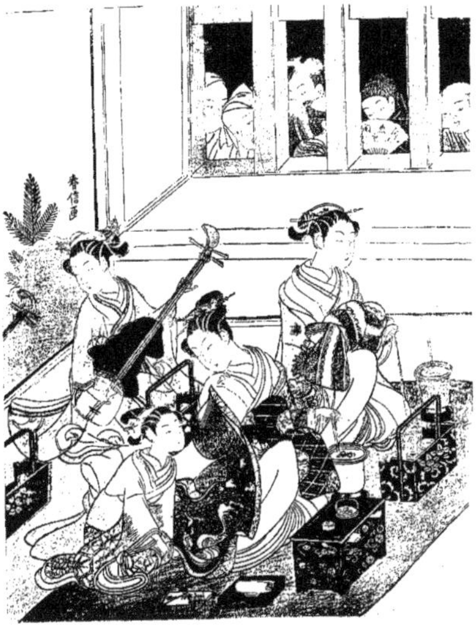

147

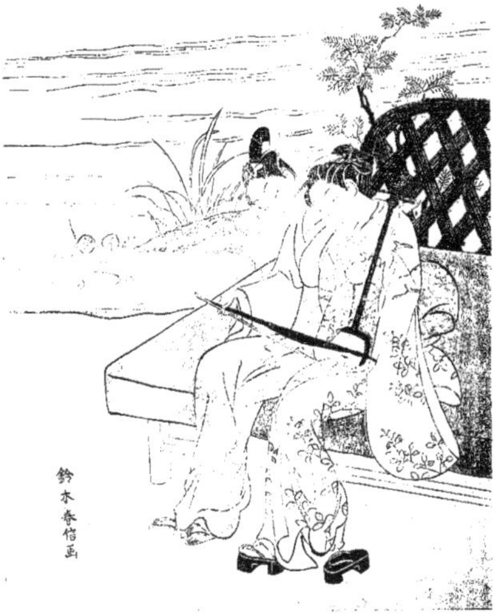

153

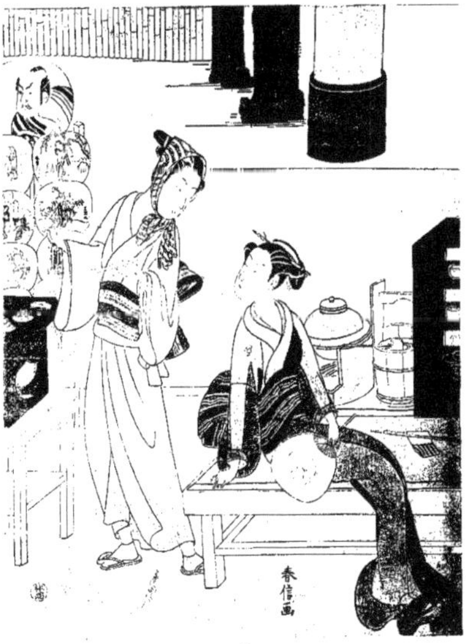

148

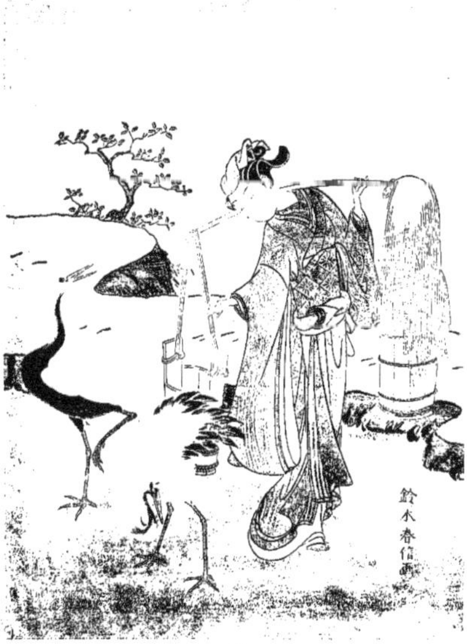

158

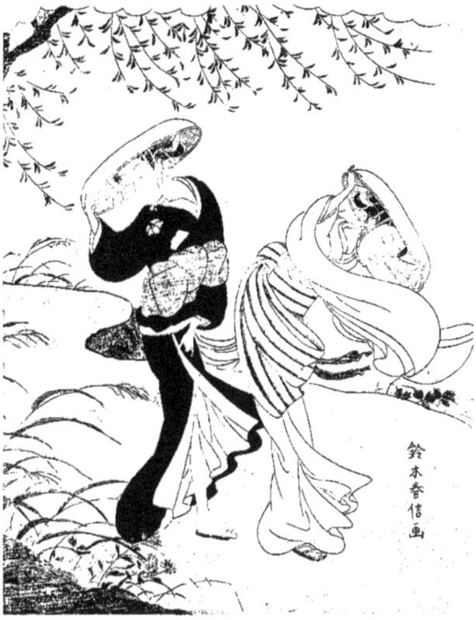

164

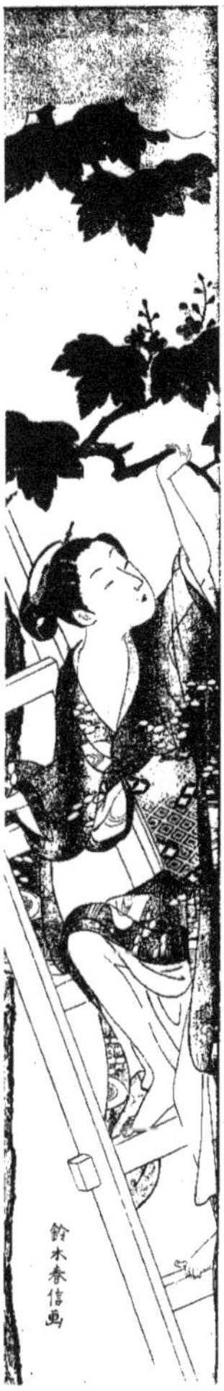

273

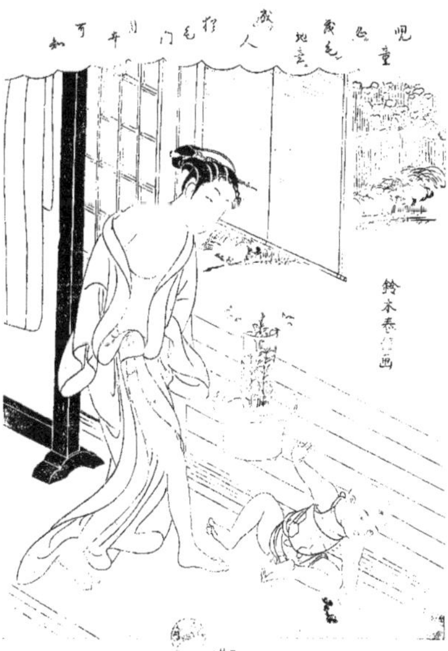

187

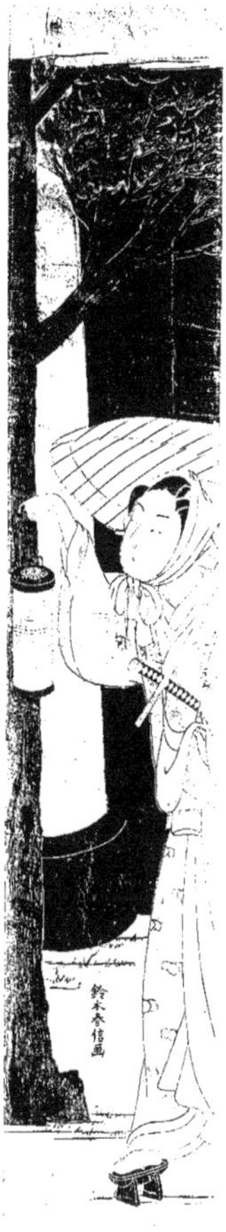

266

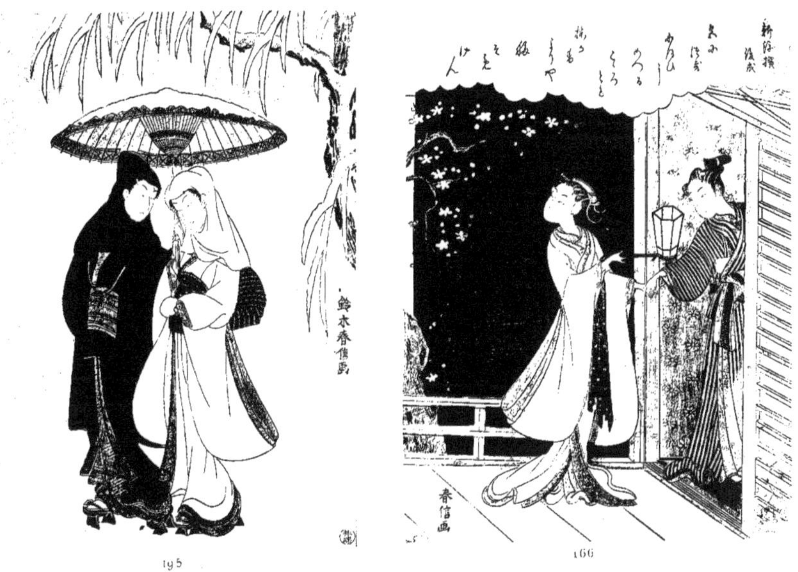

195 196

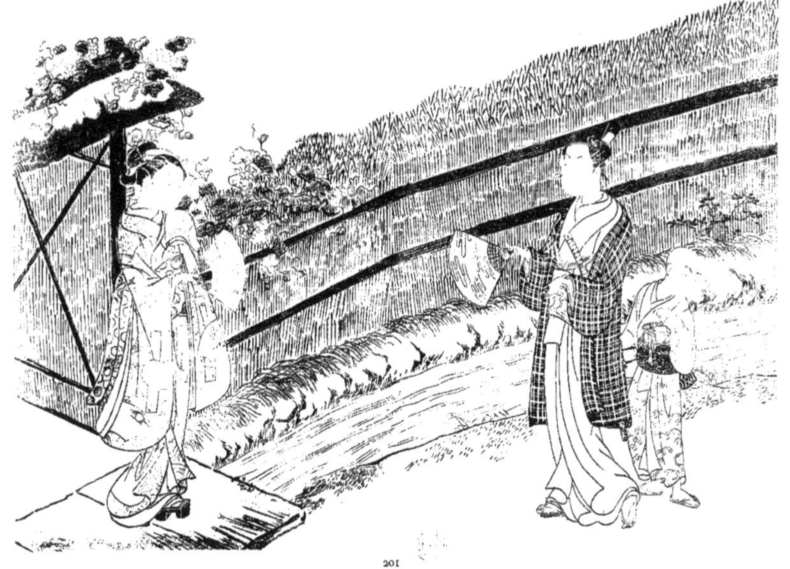

201

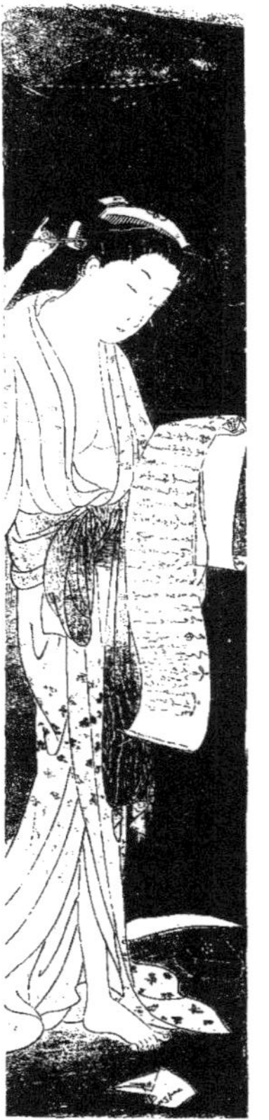

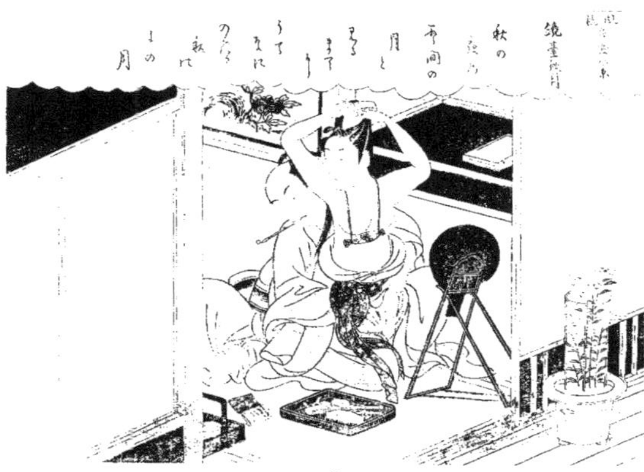

206

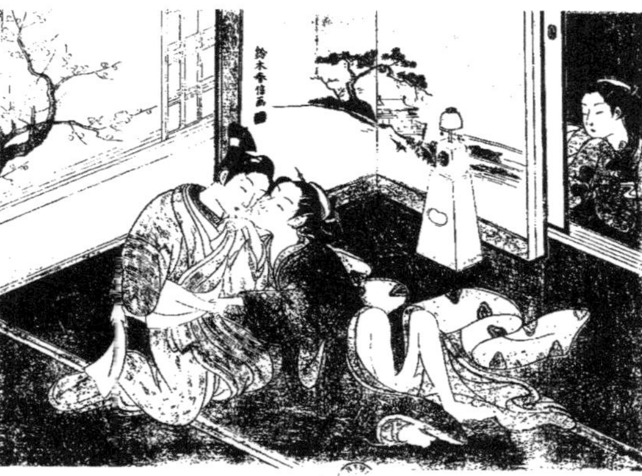

198

274

PL. XVIII

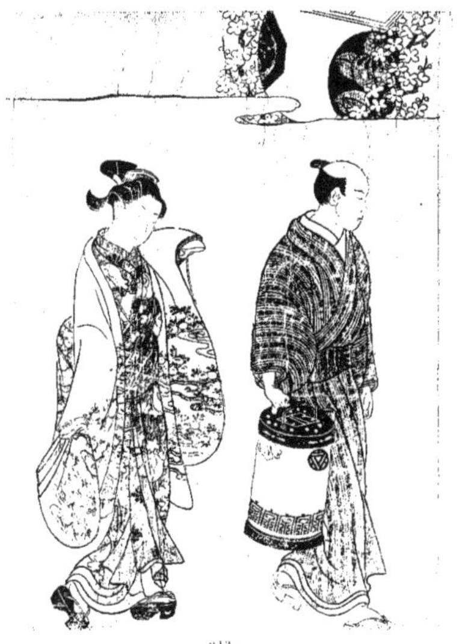

212

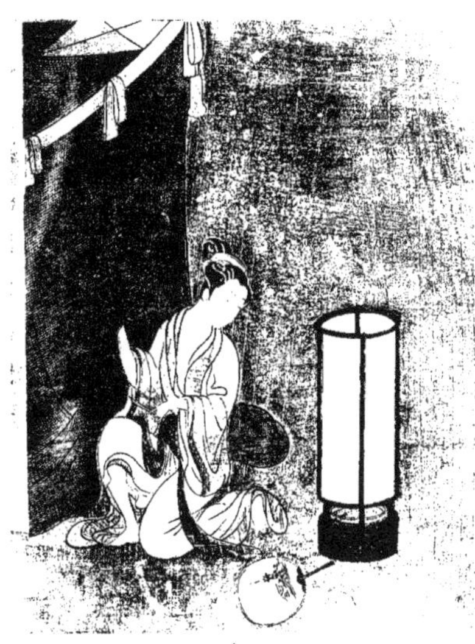

230

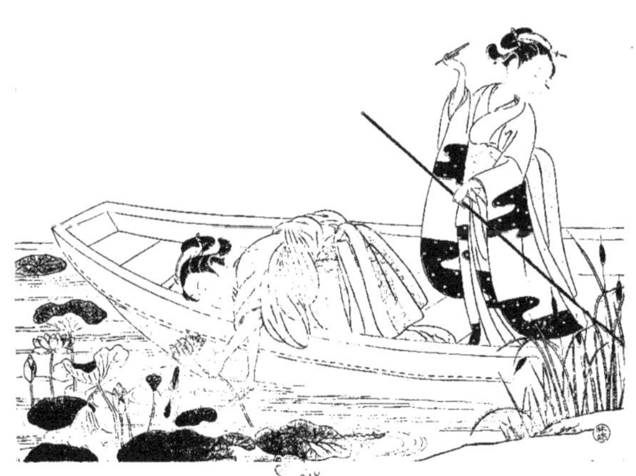

218

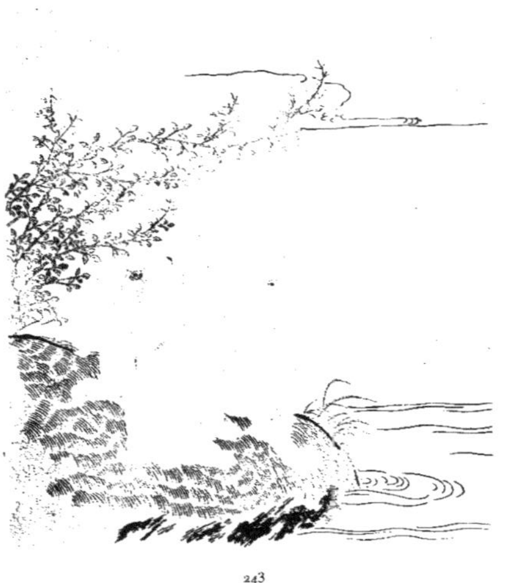

243

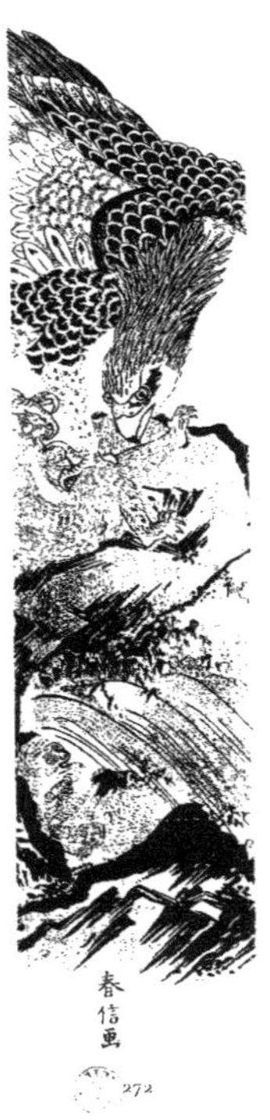

272

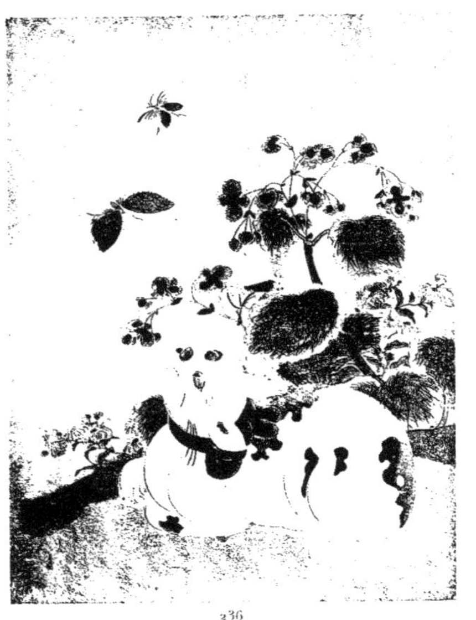

236

PL. XX

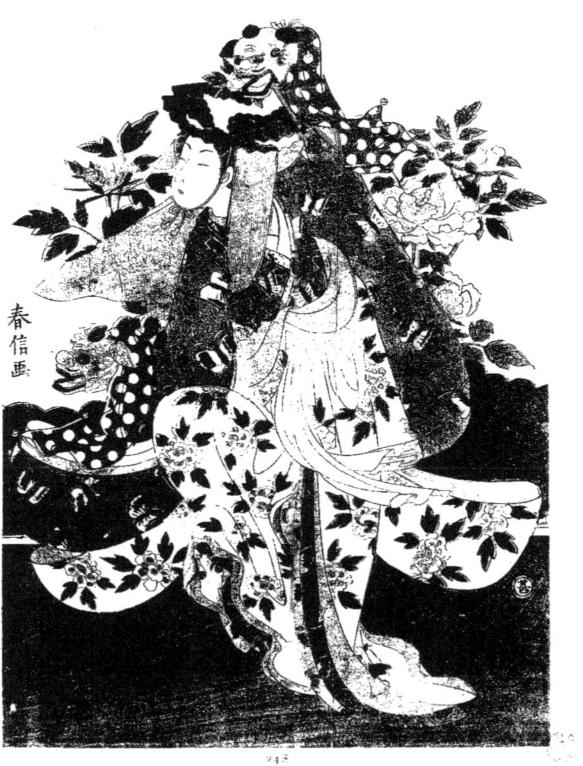
春信画

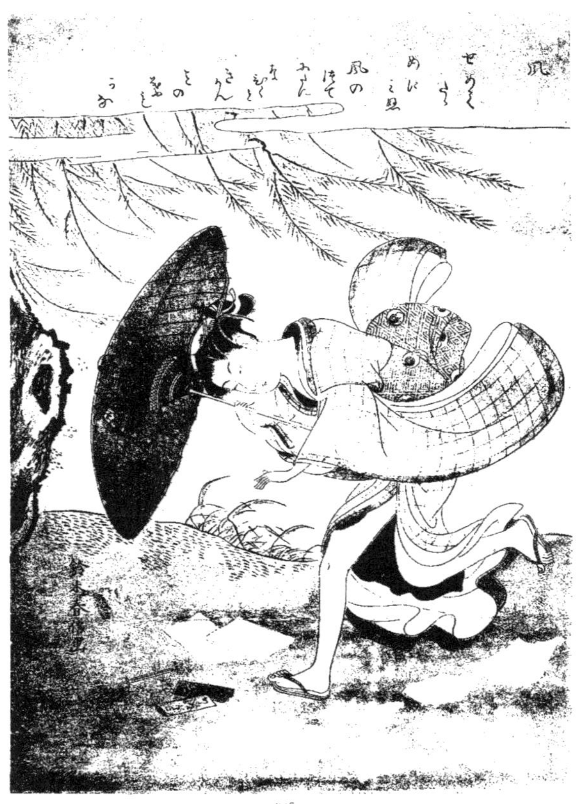

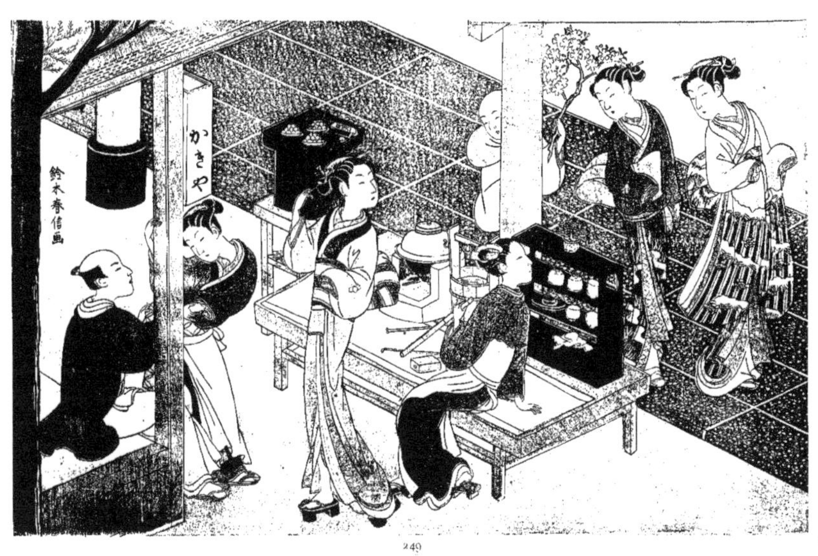

249

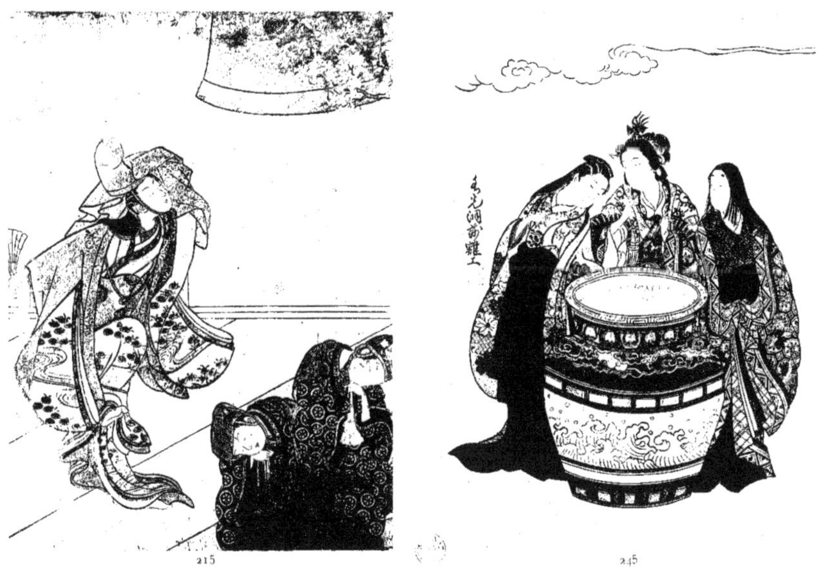

215

245

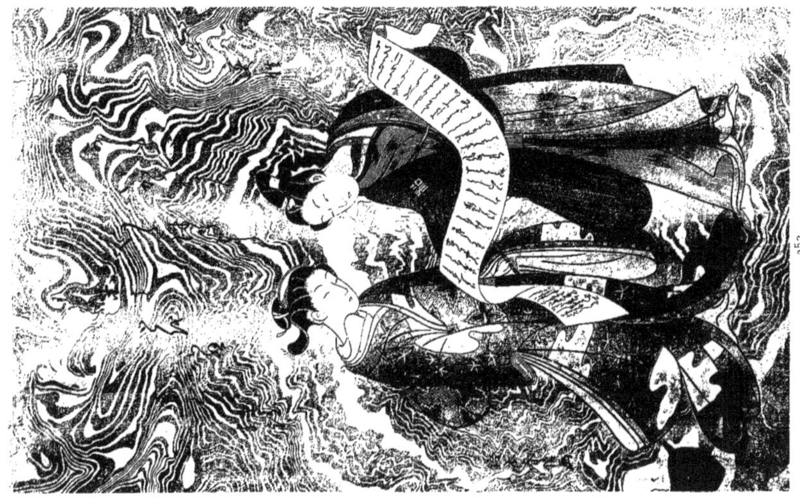

252

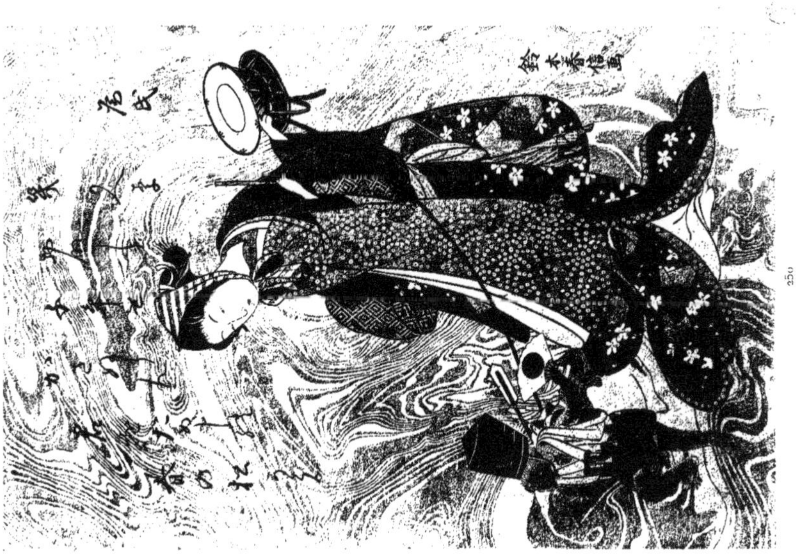

250

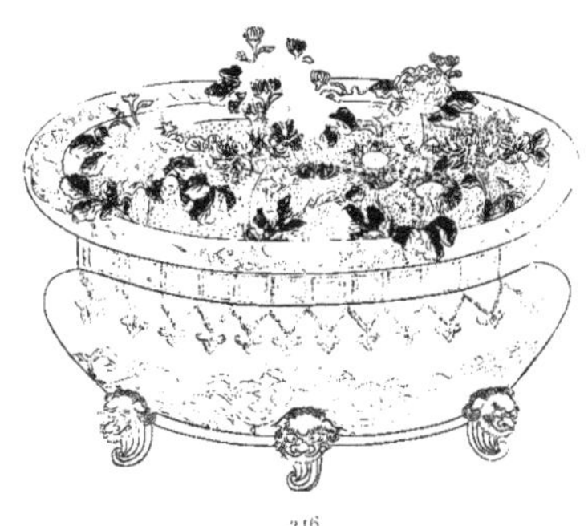

216

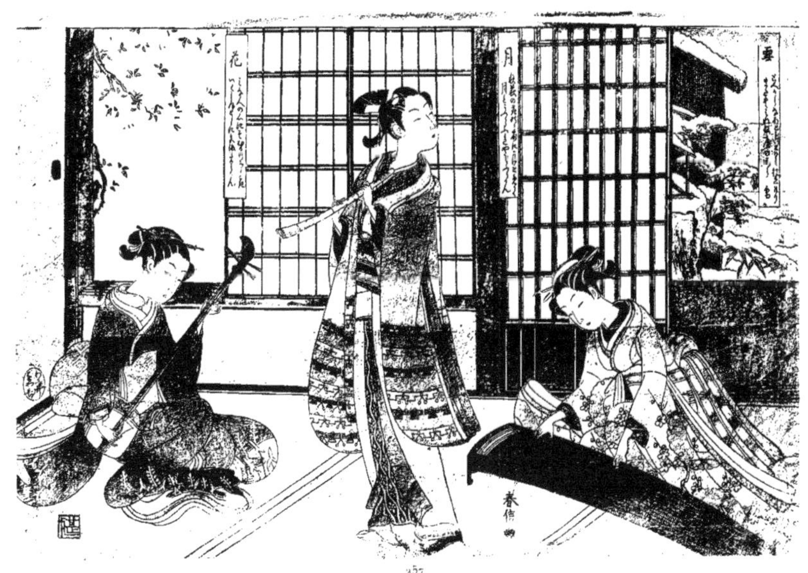

257

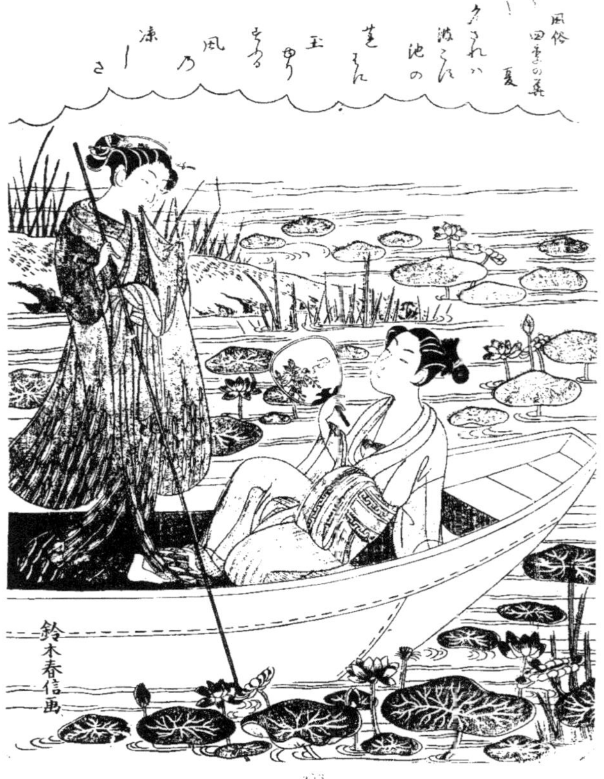

255

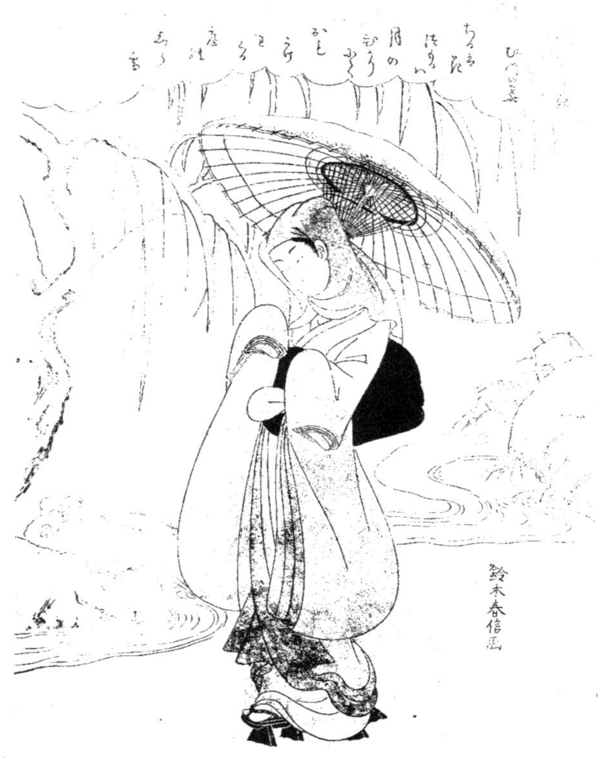

256

PL. XXV

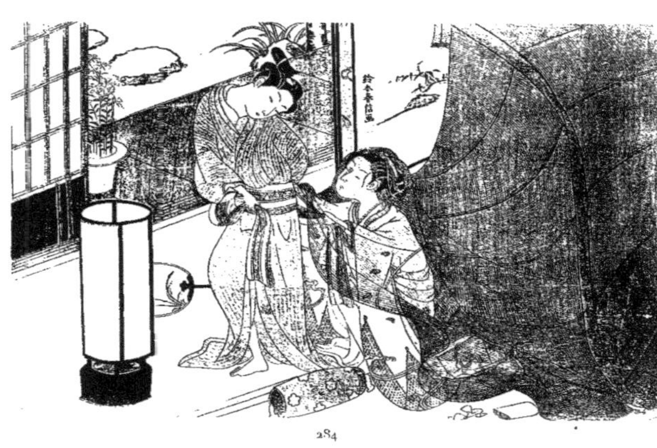

284

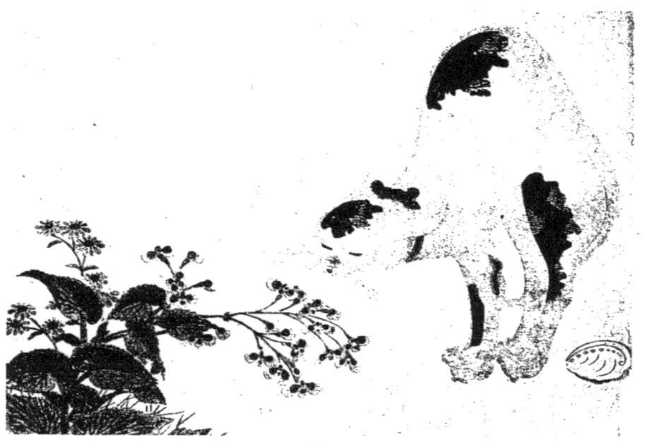

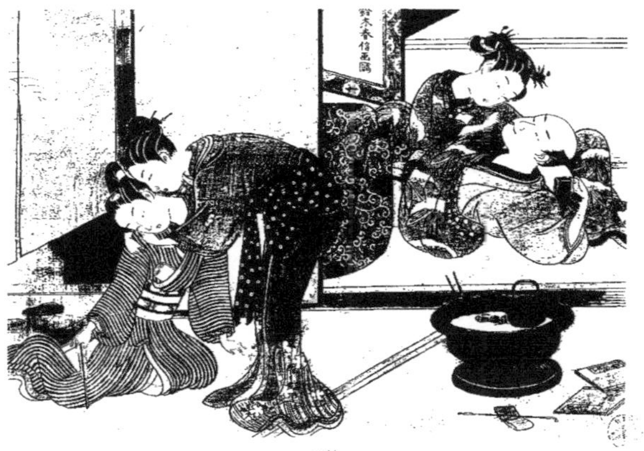

PL. XXVI

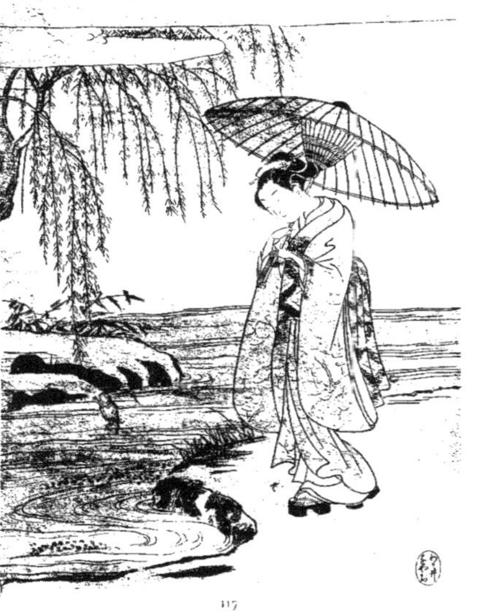

117

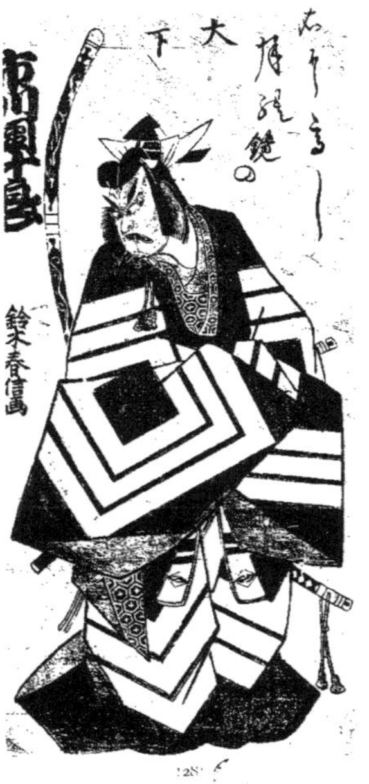

128

PL. XXVII

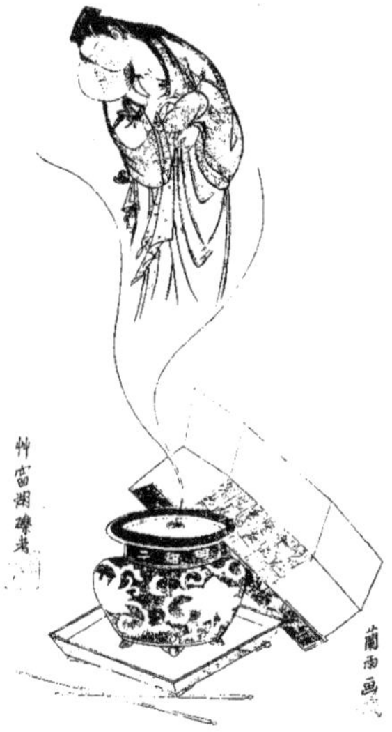

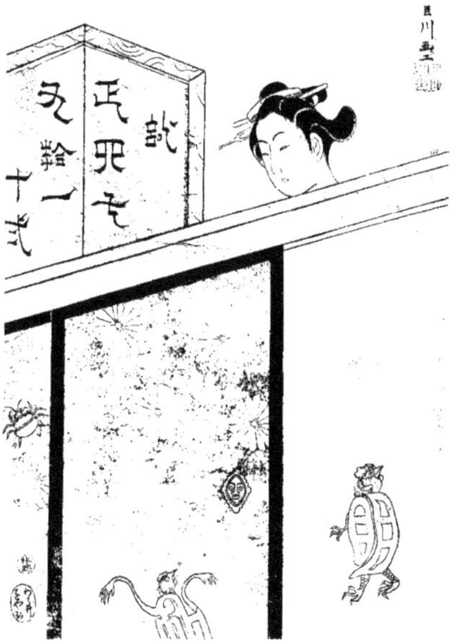

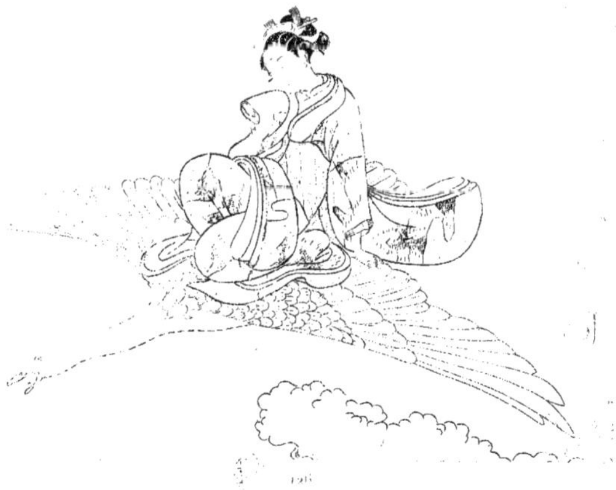

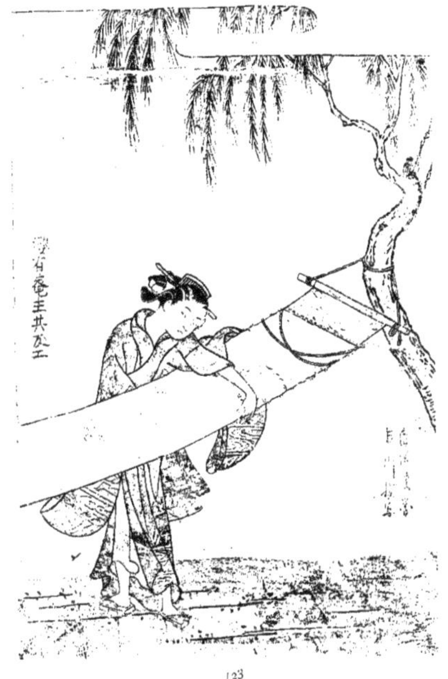

123

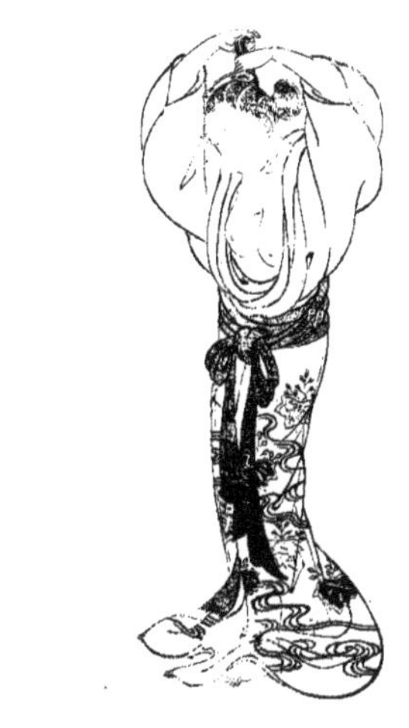

79

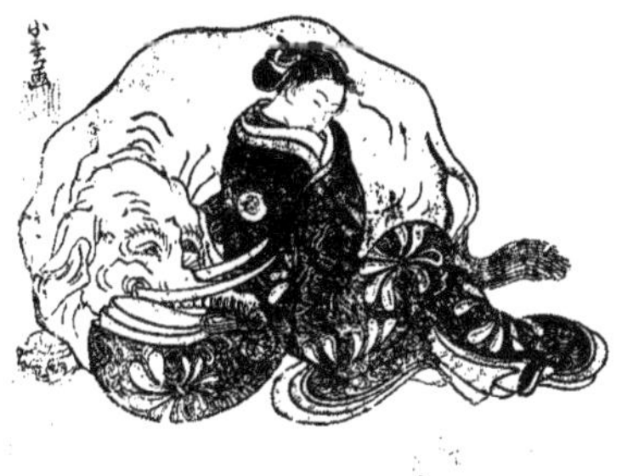

124

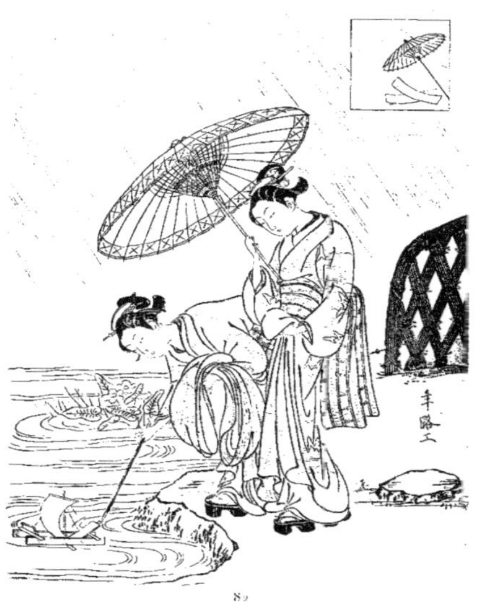

82

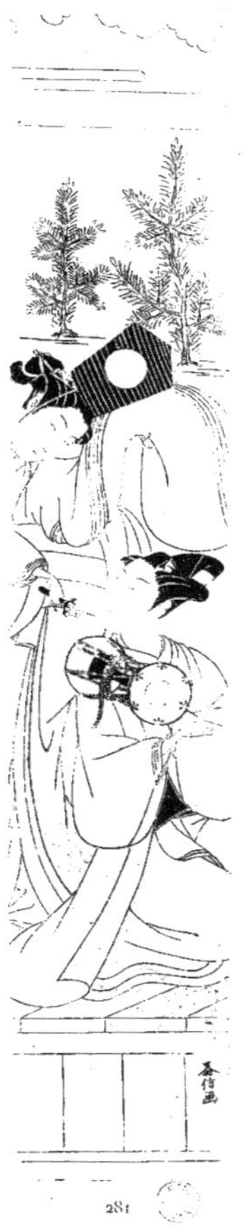

281

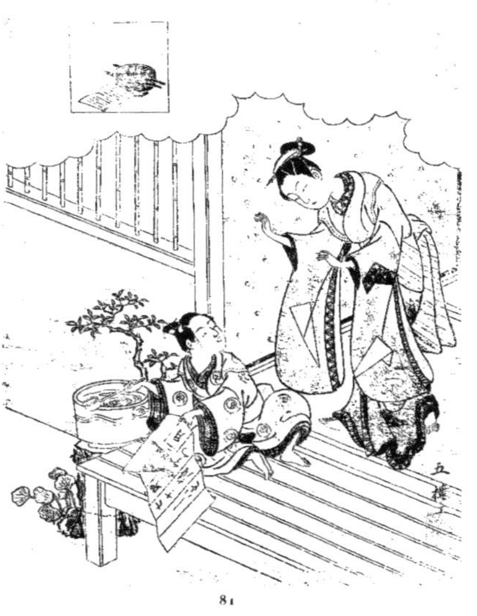

81

PL. XXX

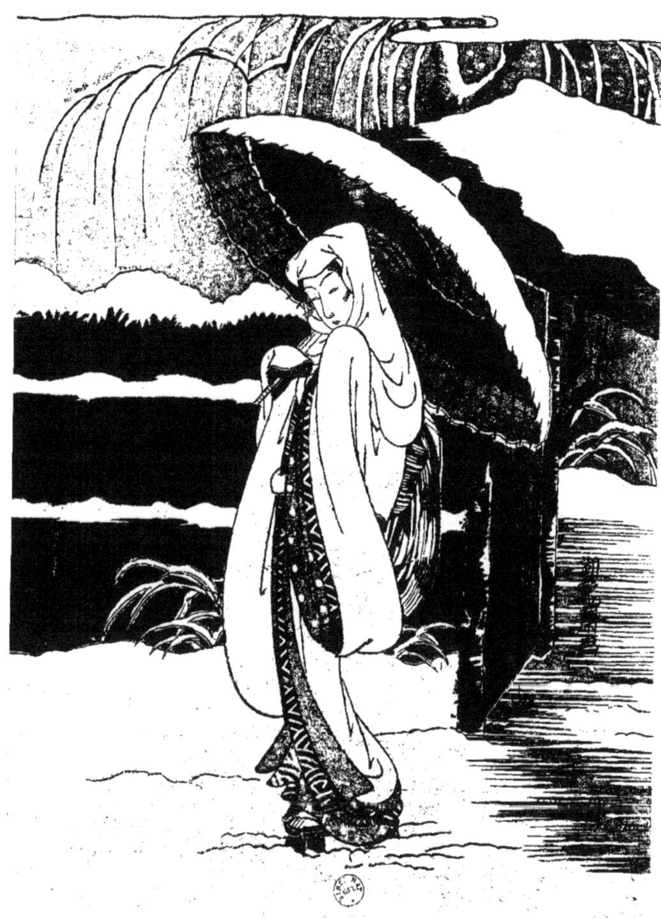

FAC-SIMILE PAR ANDRÉ MART[illegible]

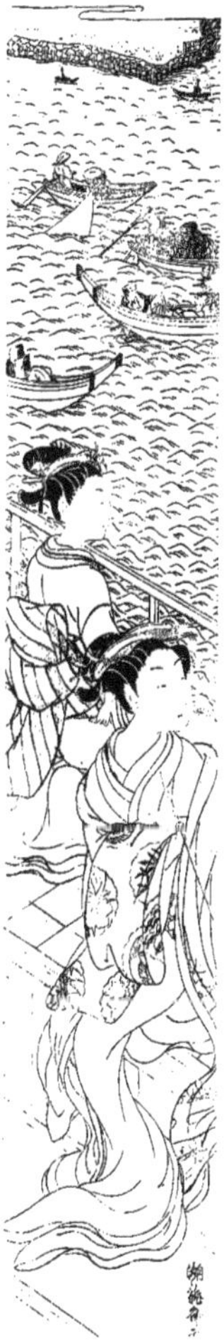

303

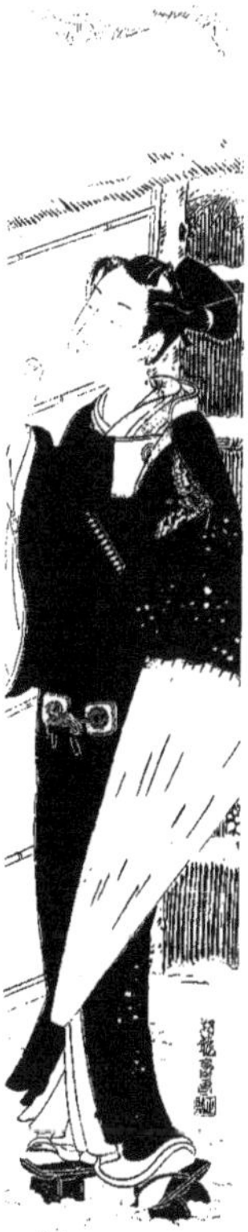

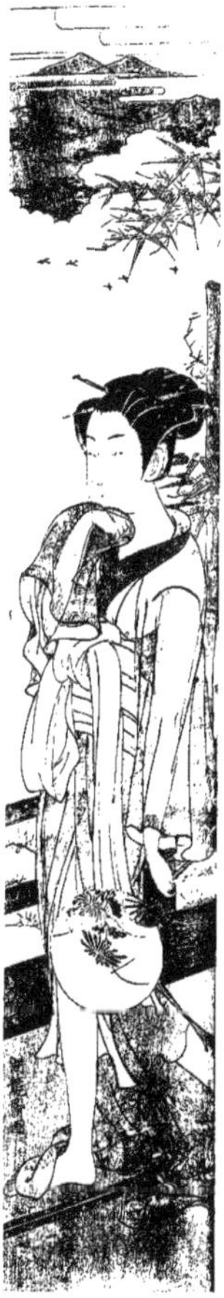

306

290

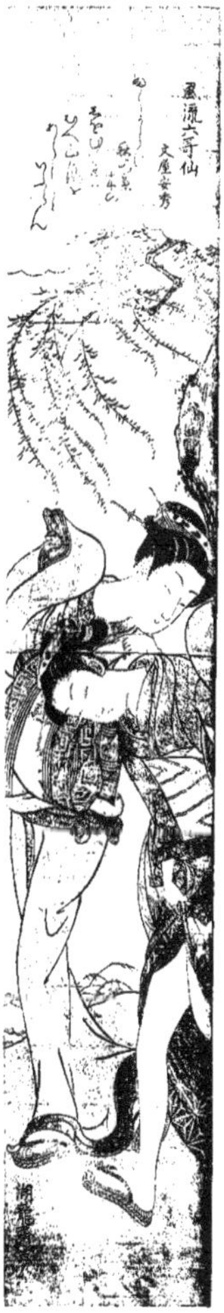

360

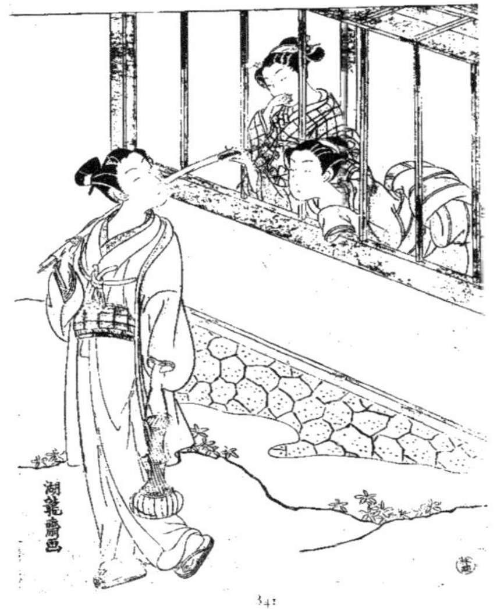

341

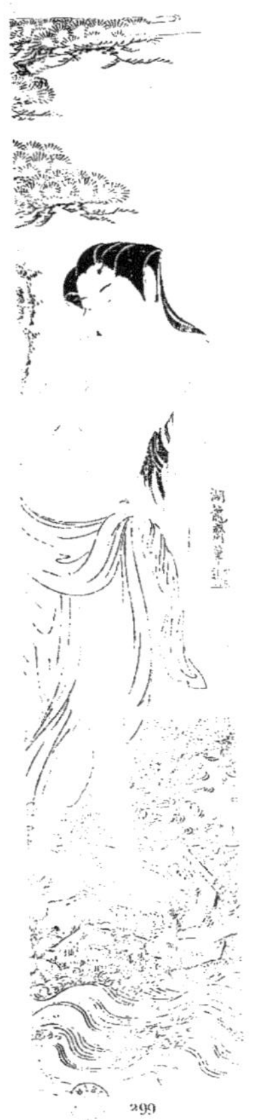

299

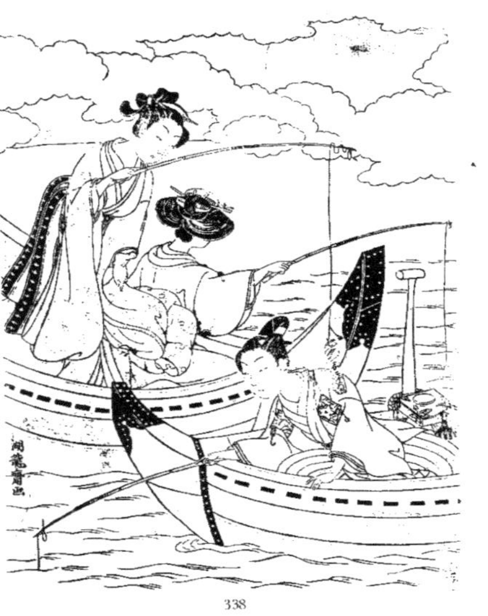

338

PL. XXXIII

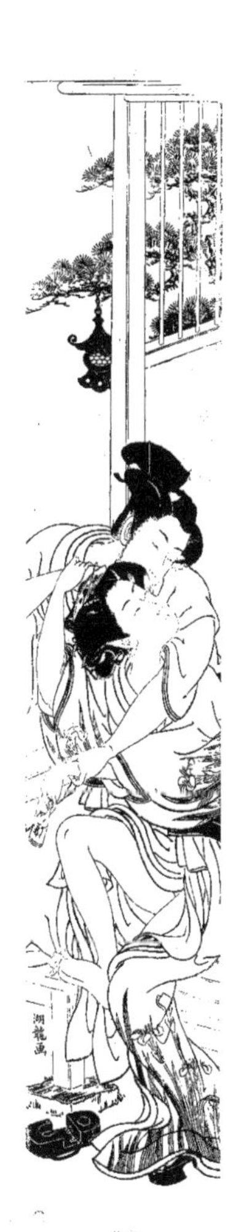

320

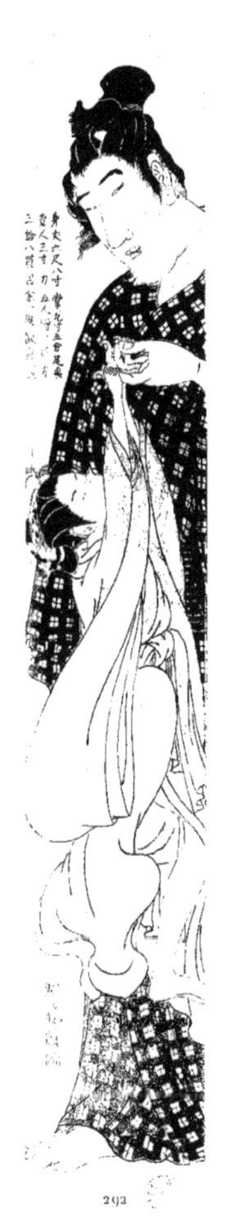

292

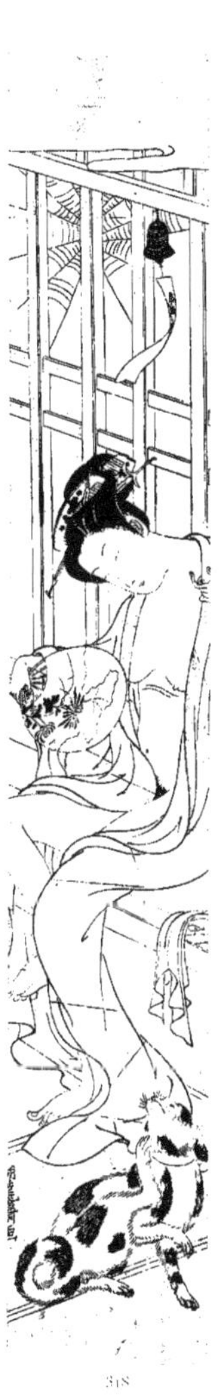

318

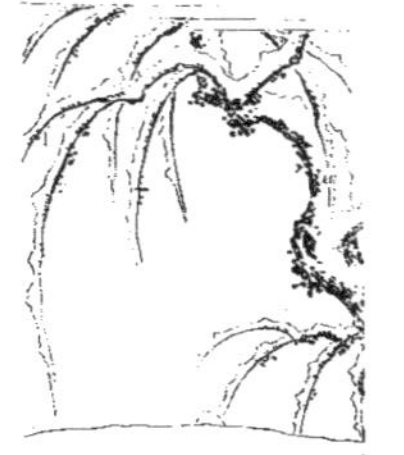

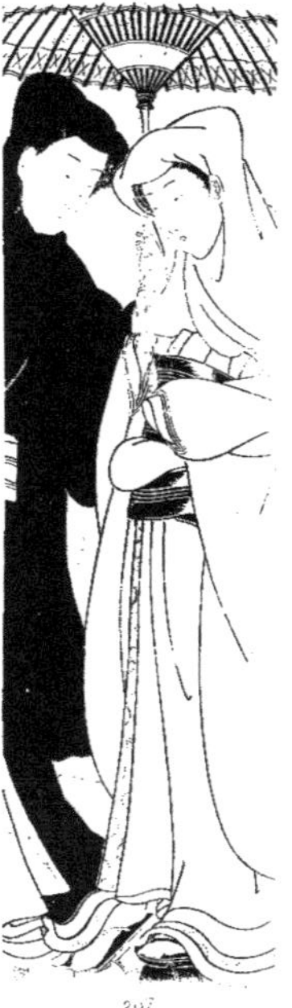

207

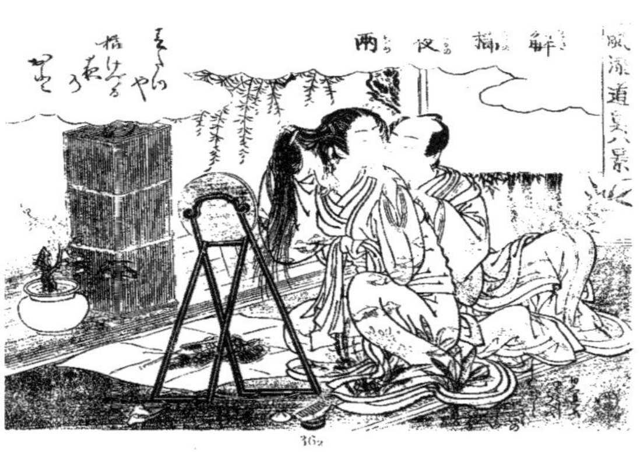

362

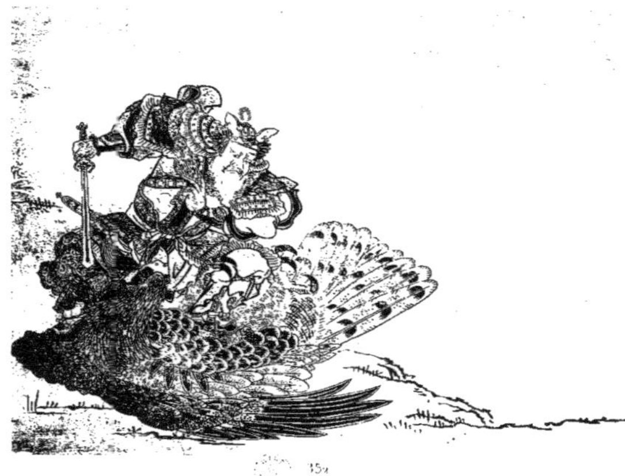

352

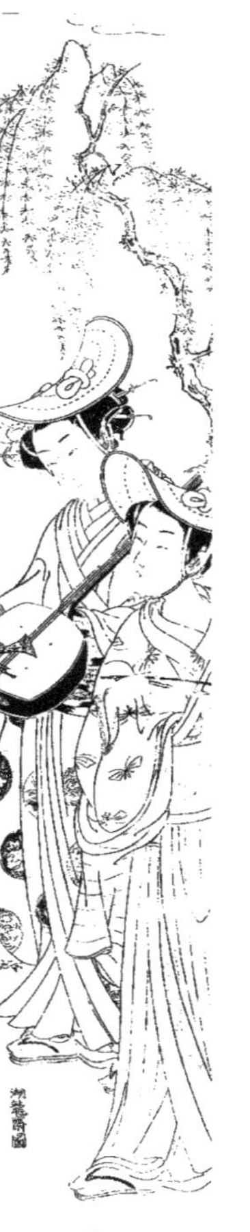

307

PL. XXXV

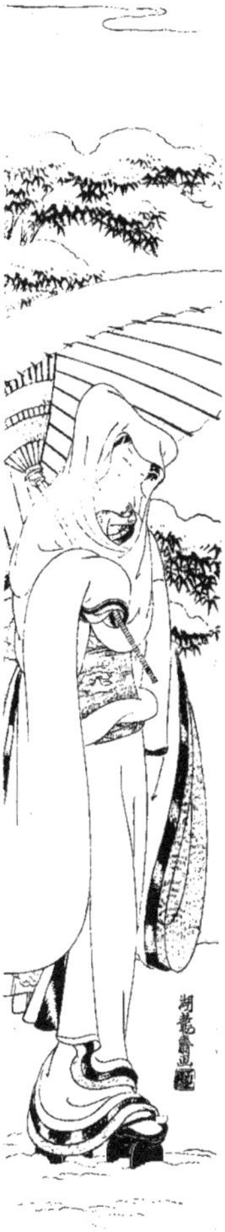

302

301

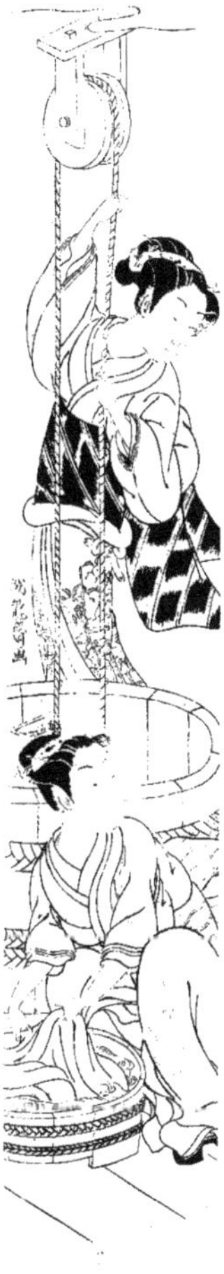

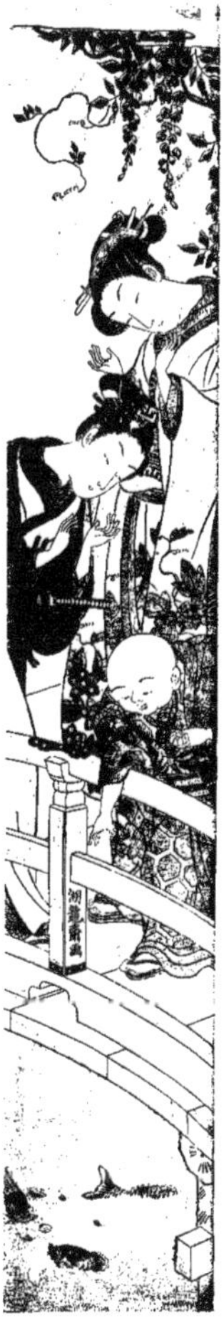

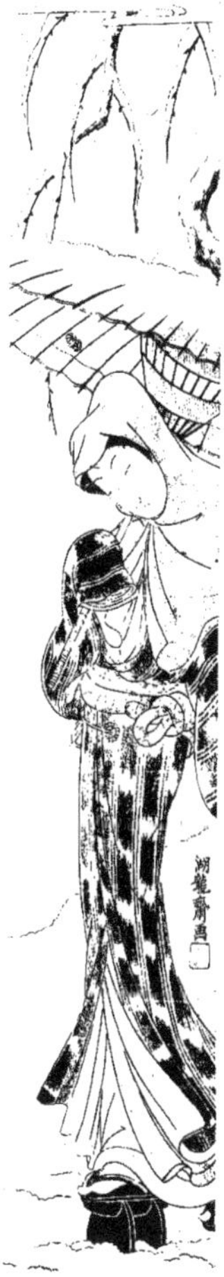

296

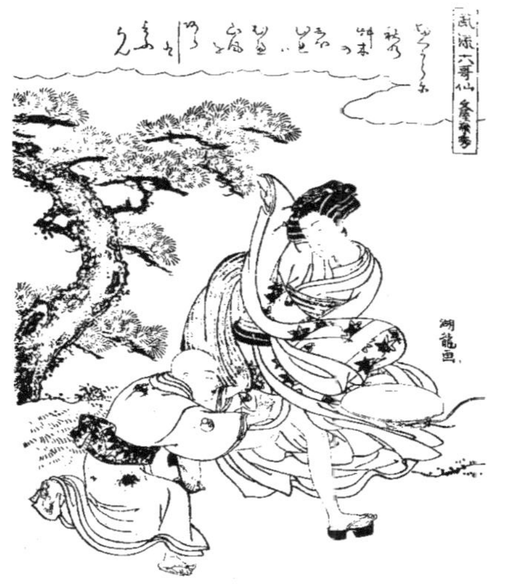

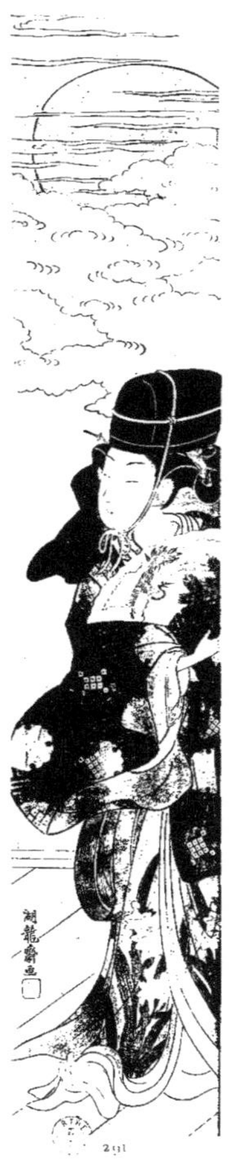

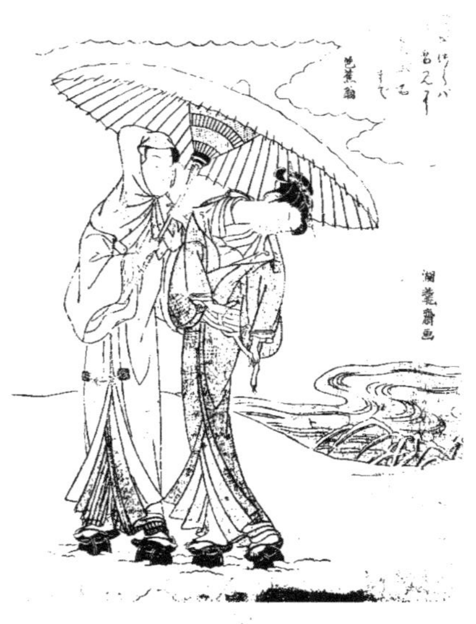

PL. XXXVII

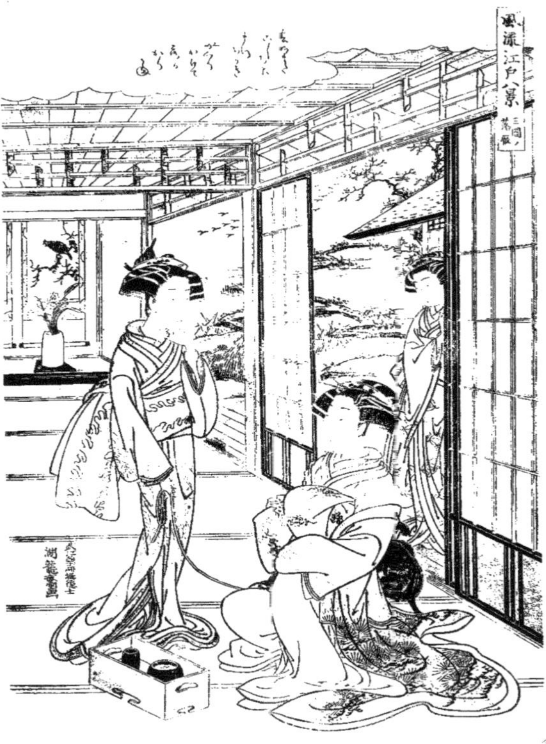

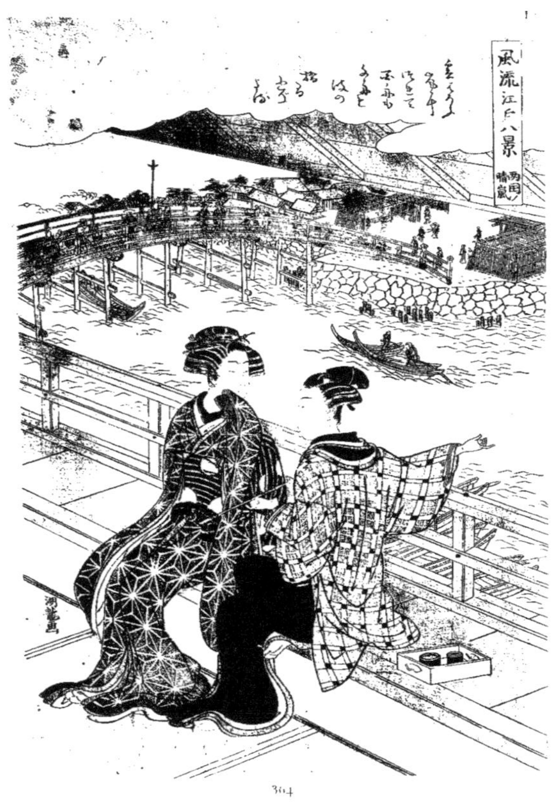

PL. XXXVIII

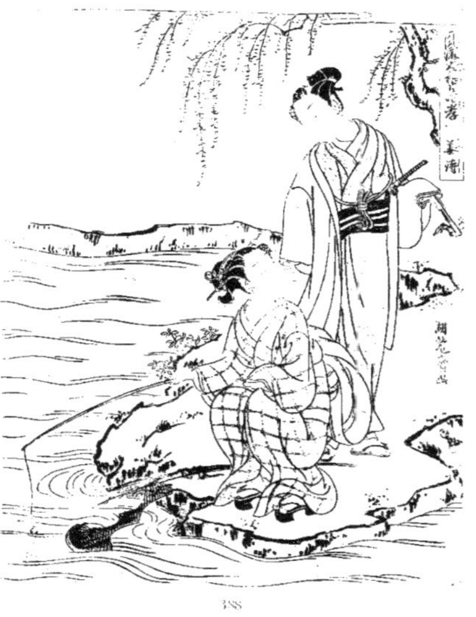

388

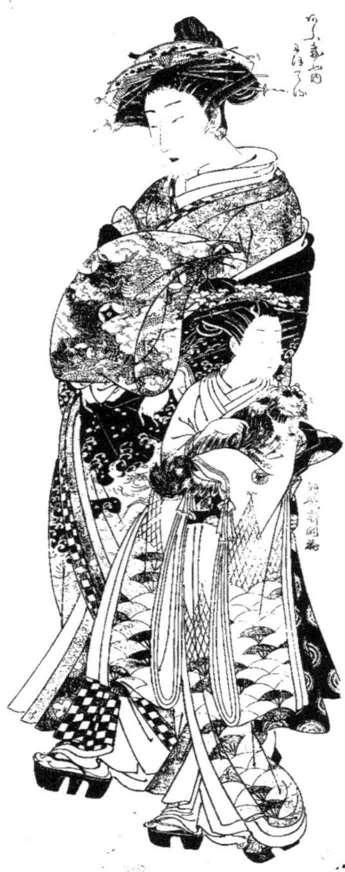

327

384

PL. XXXIX

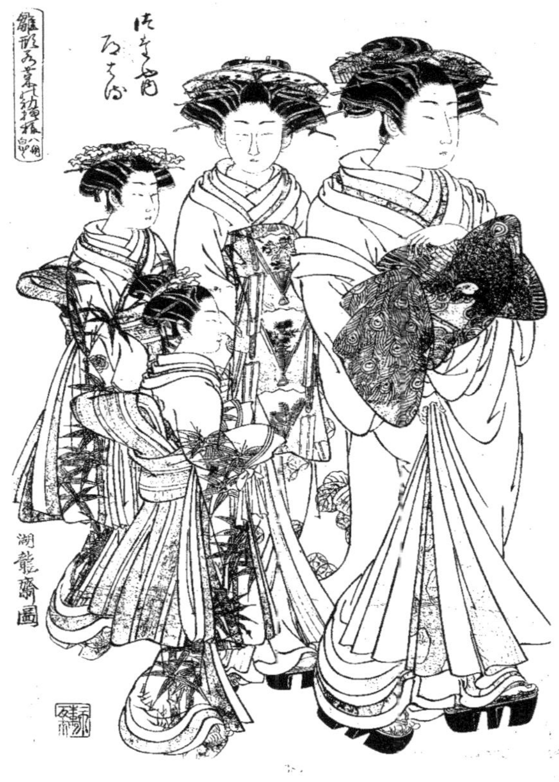

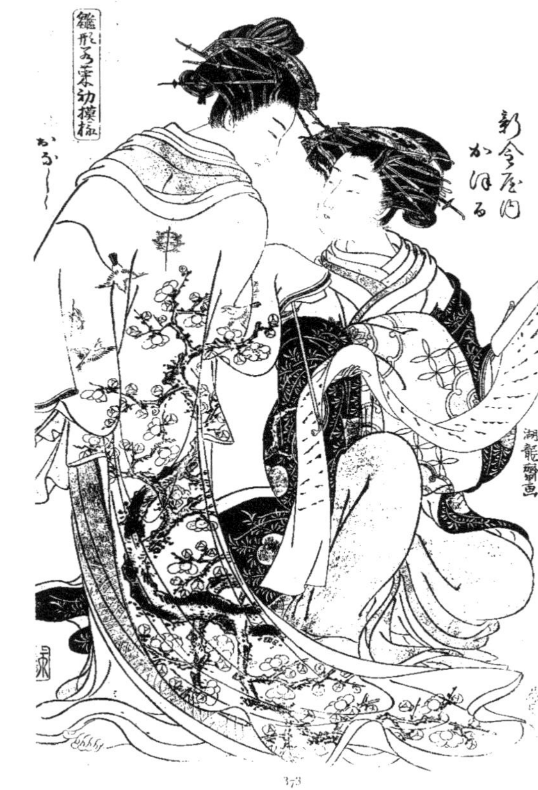

373

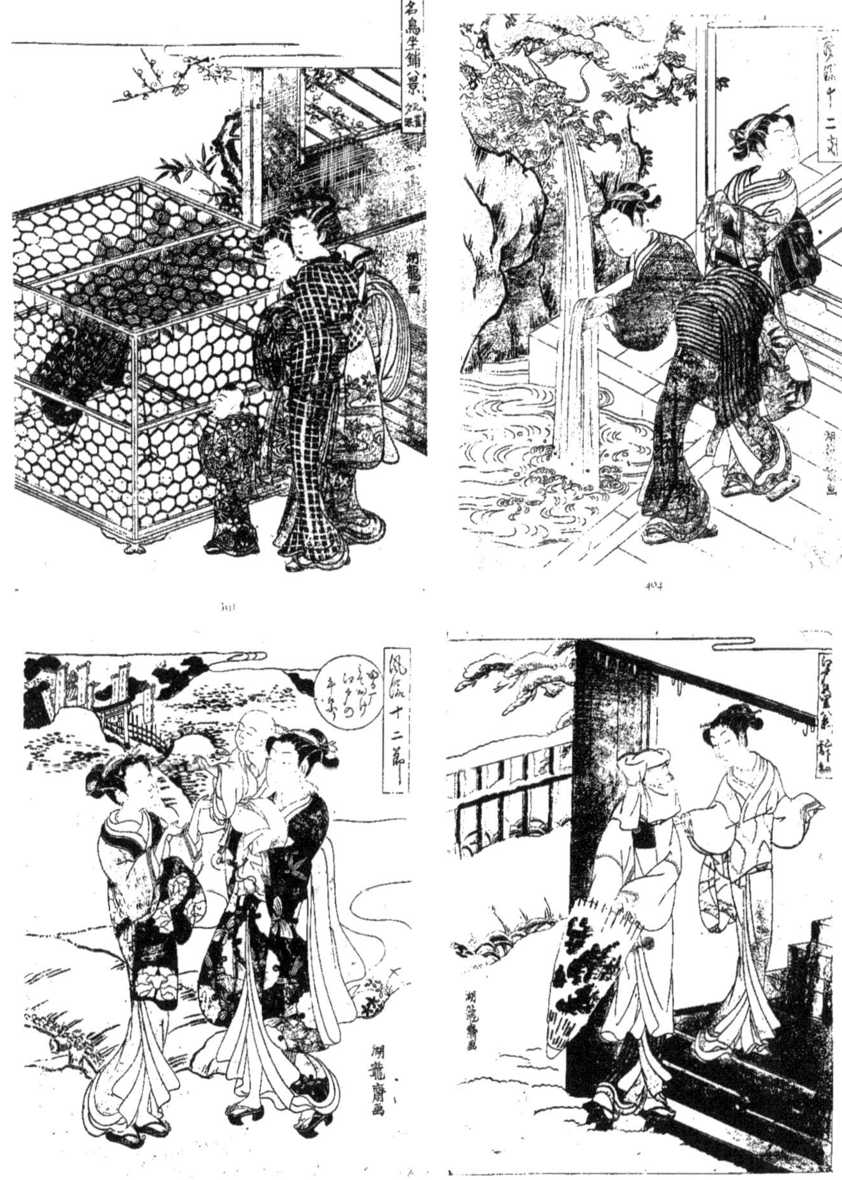

391

404

399

398

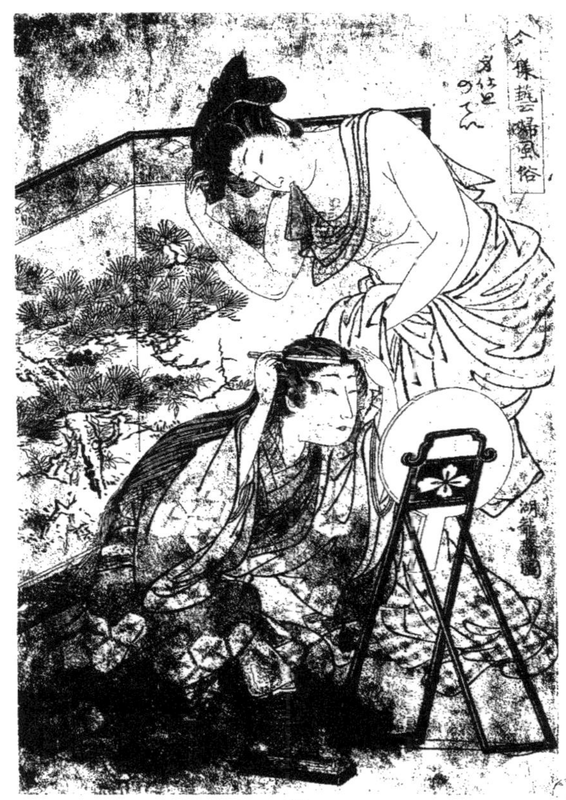

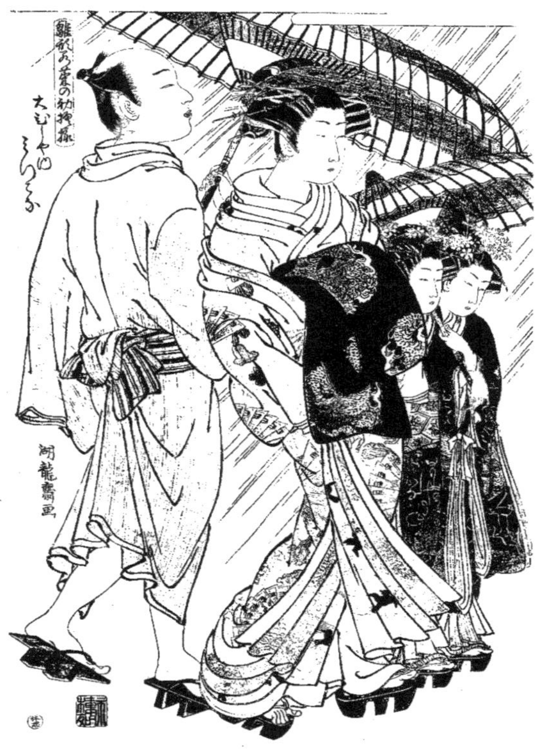

PL. XLII

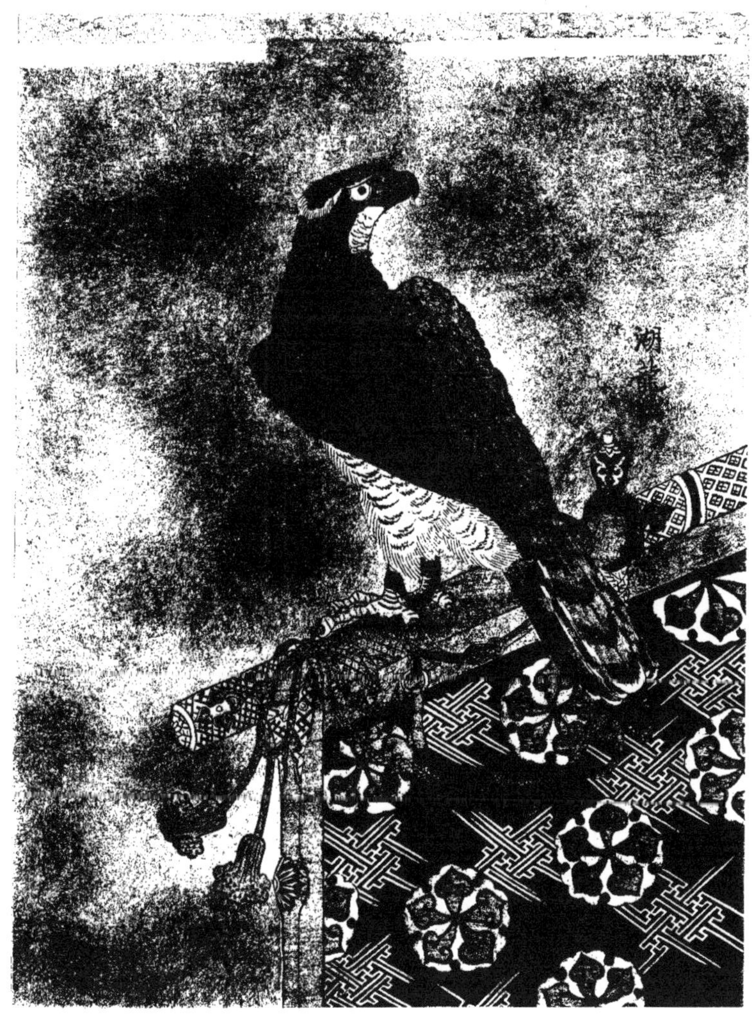

FAC-SIMILE PAR ANDRÉ MART

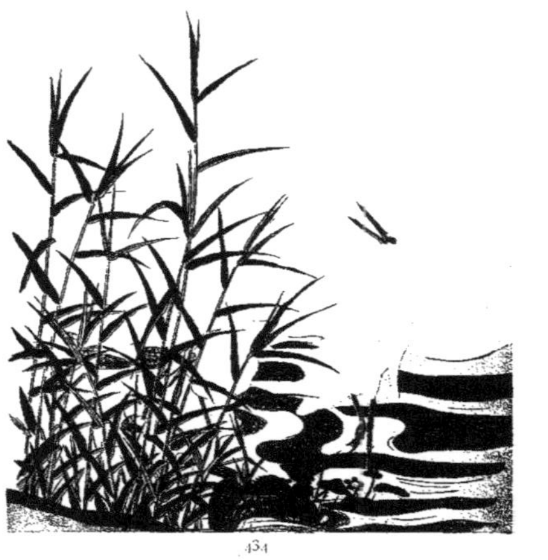

434

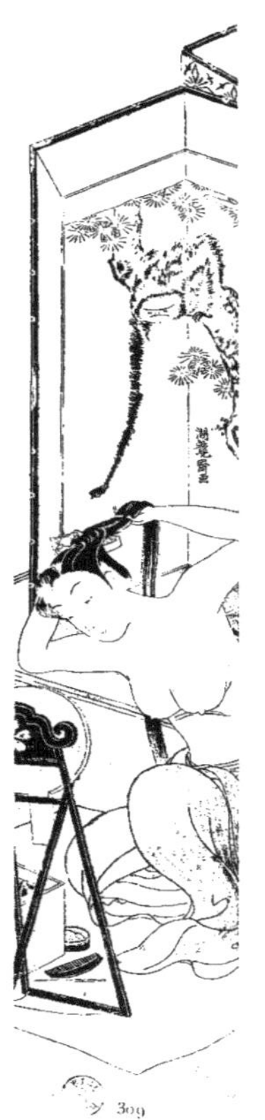

309

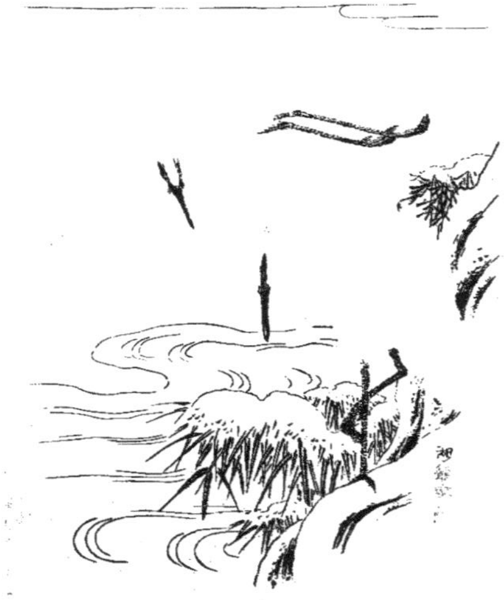

PL. XLIV

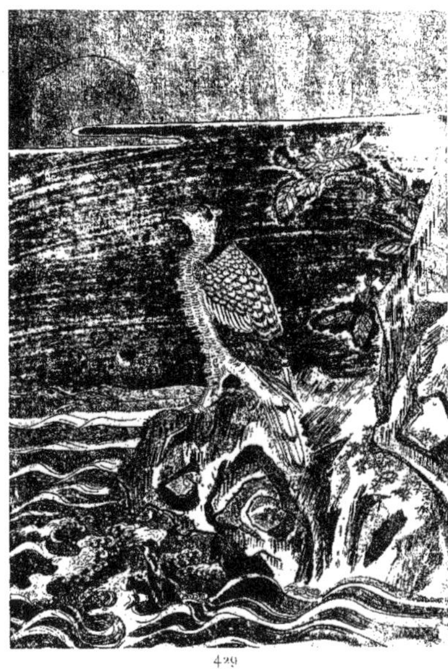

429

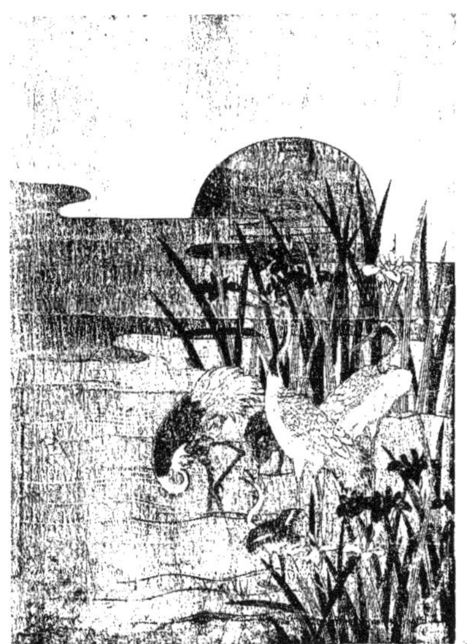

431

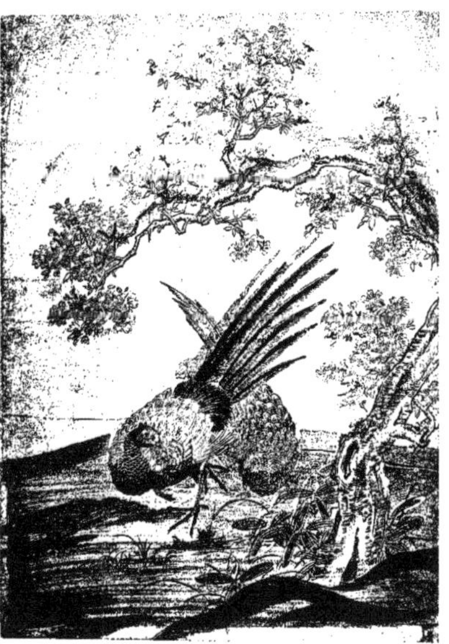

436

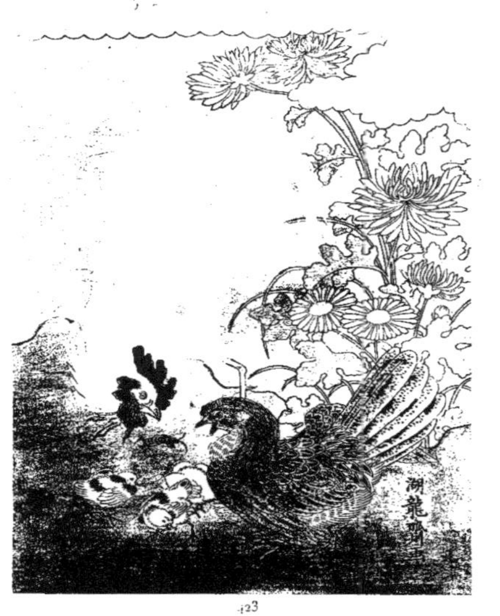

423

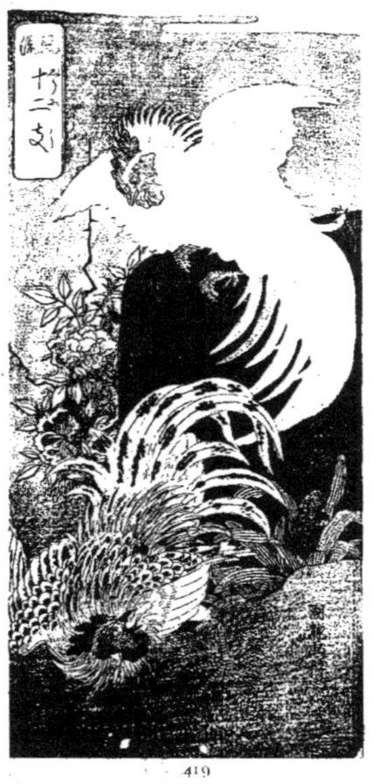

419

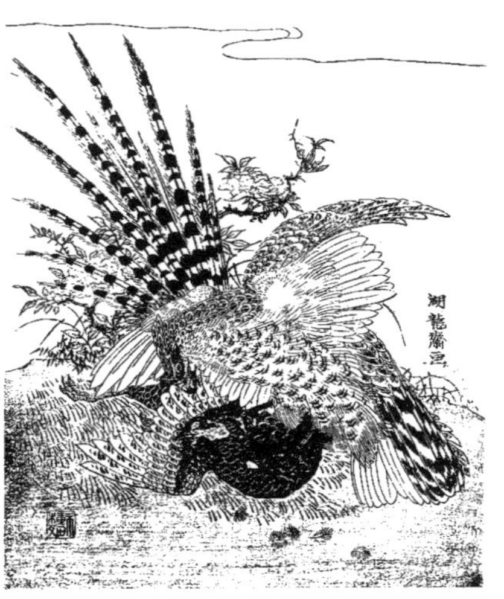

PL. XLVI

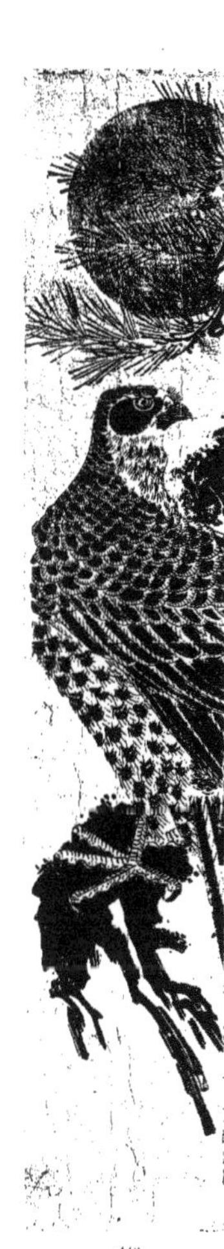

442

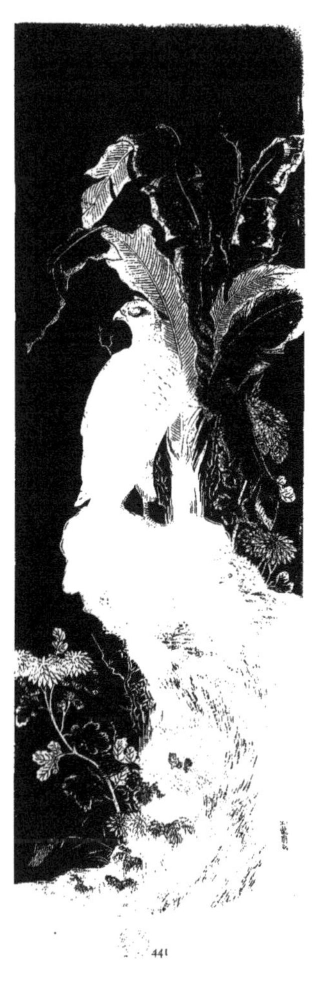

441

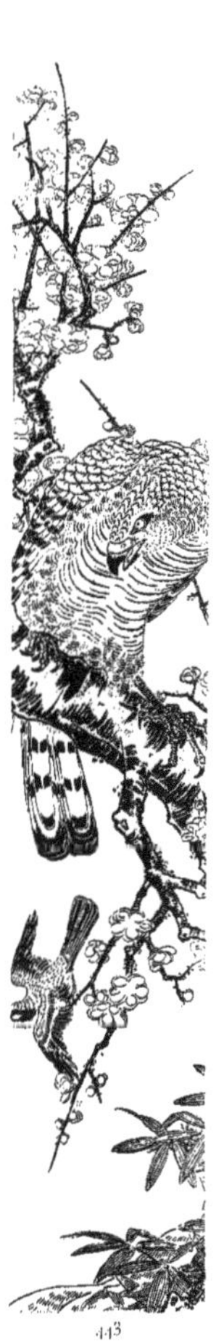

443

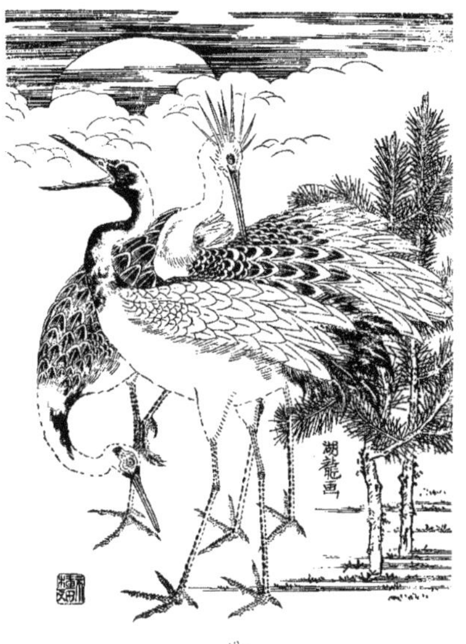

439

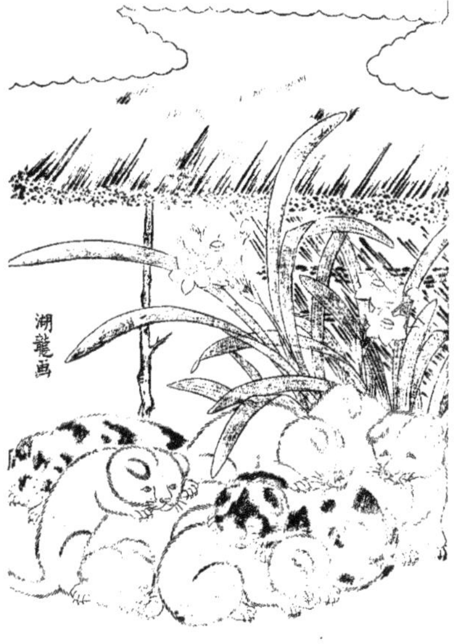

440

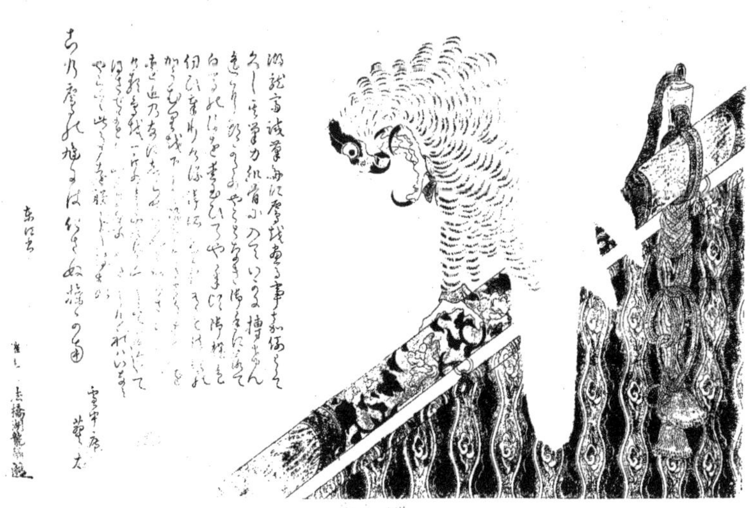

448

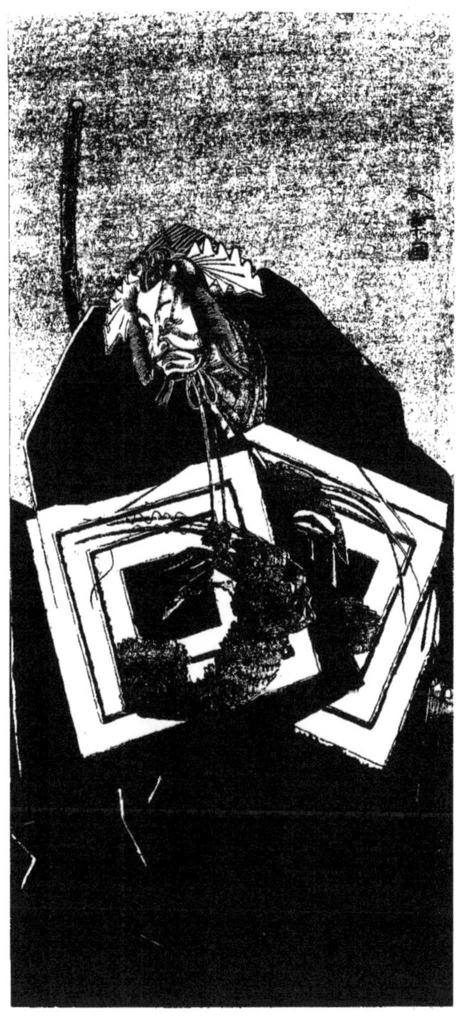

FAC-SIMILE PAR ANDRÉ MART

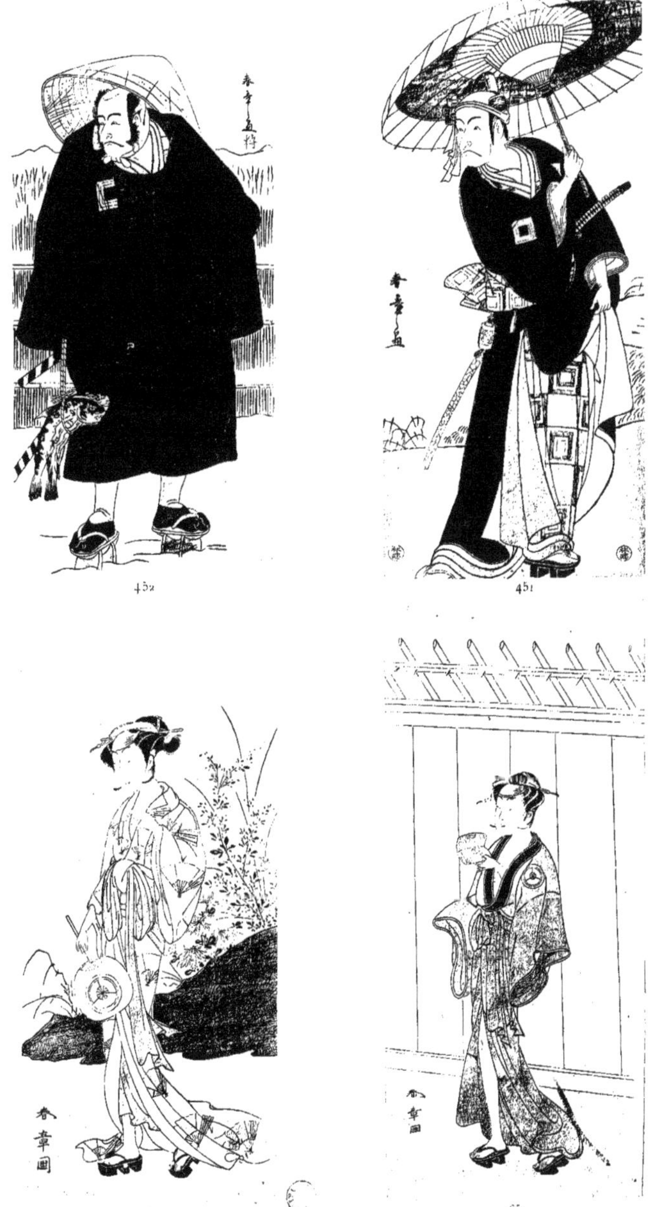

452 451

467 465

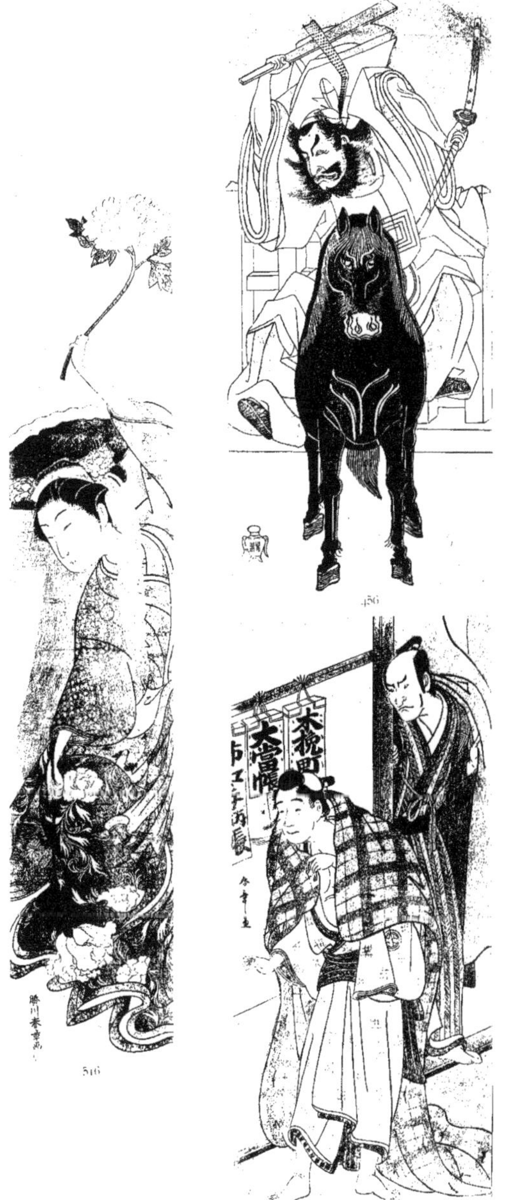

516

456

481

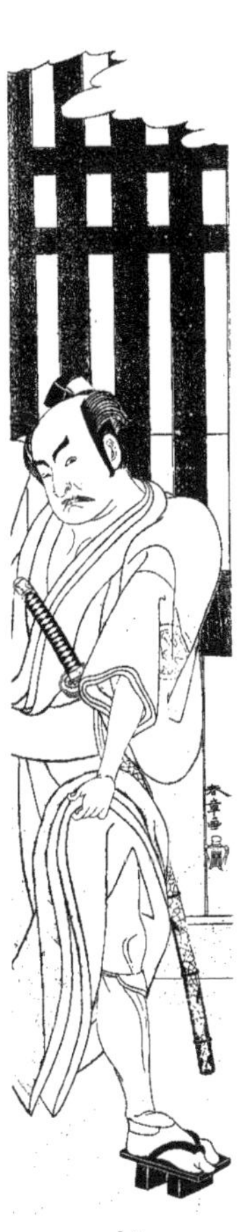

503

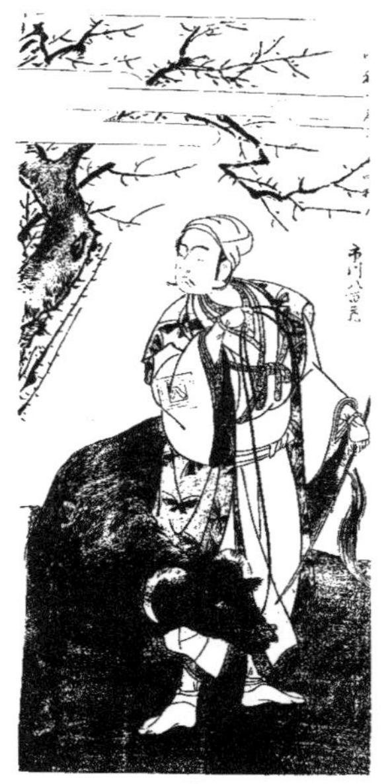

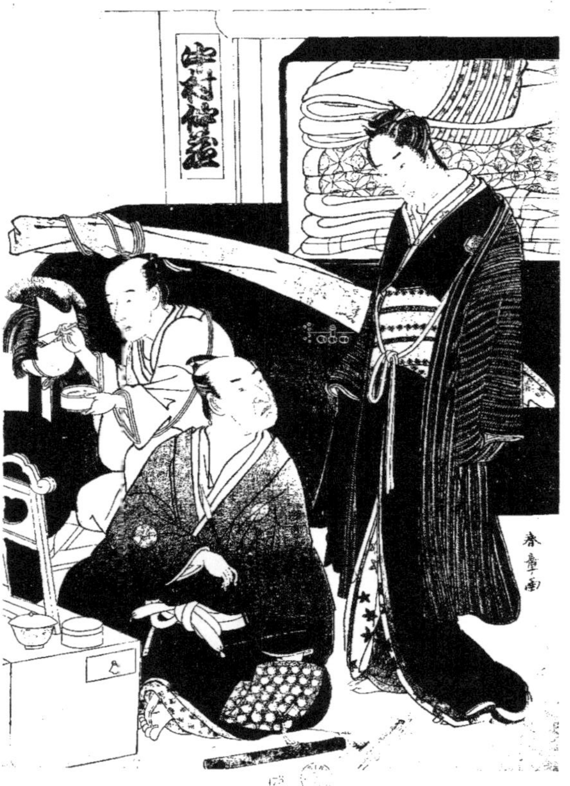

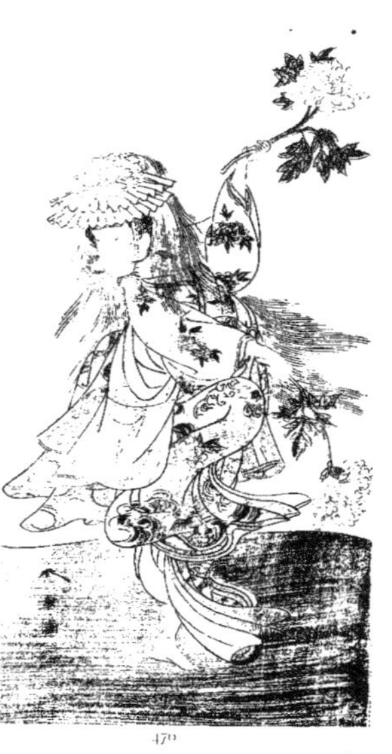

PL. LII

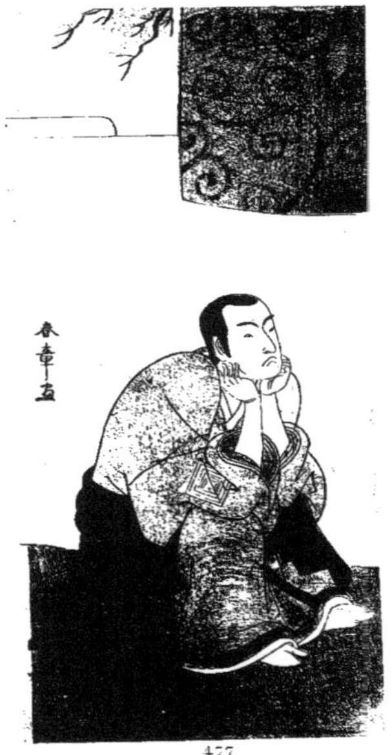

477

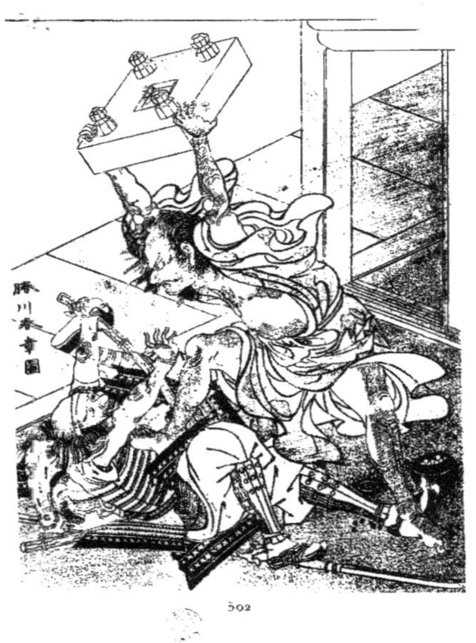

502

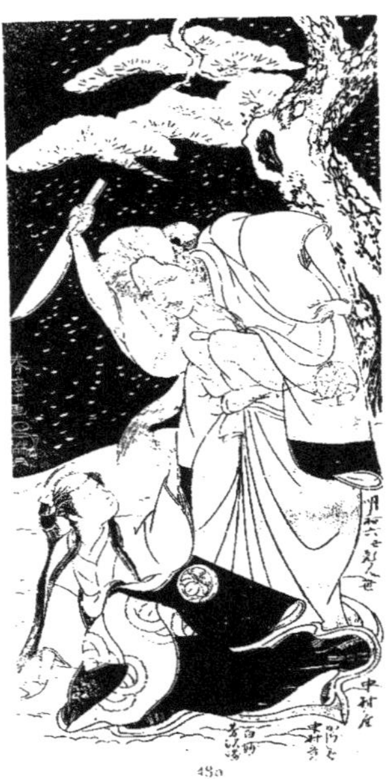

480

PL. LIII

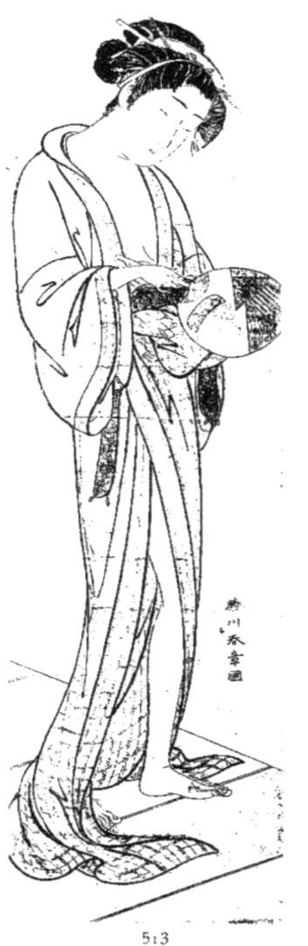

513

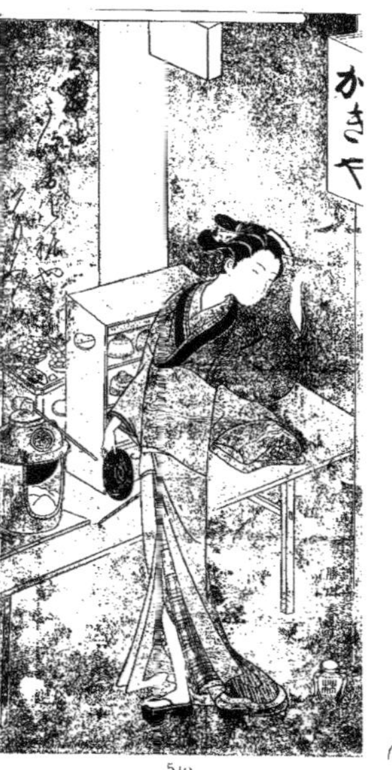

510

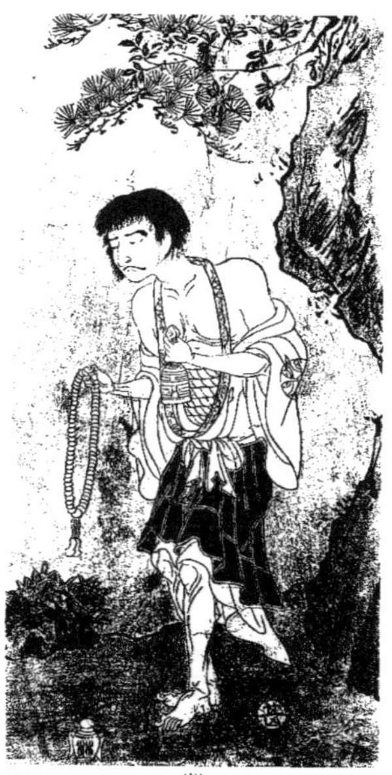

488

519

PL. LIV

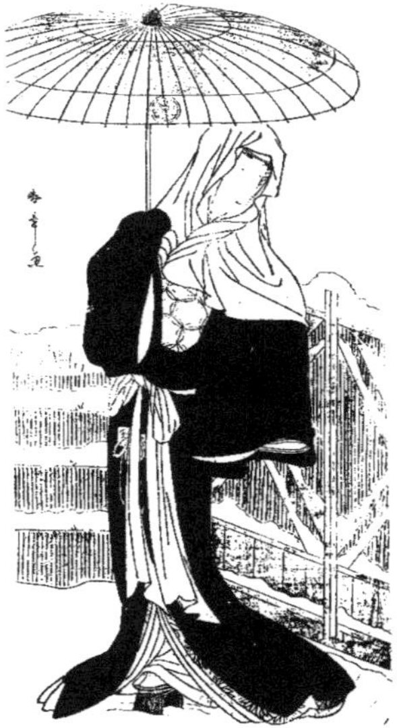

490

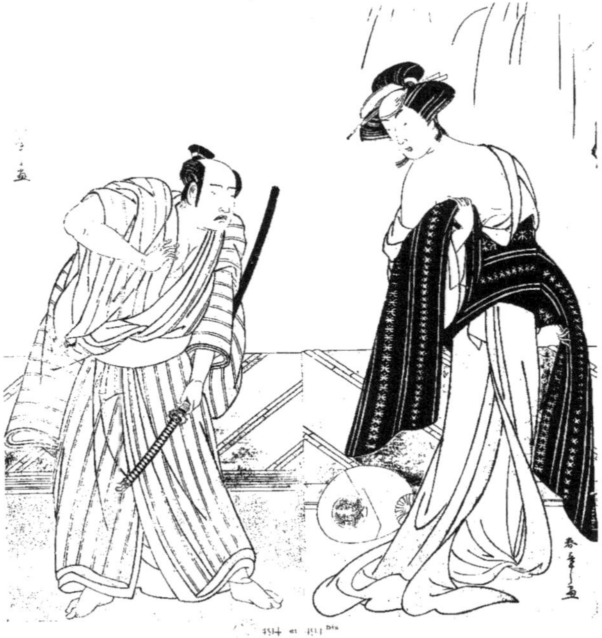

494 et 494 bis

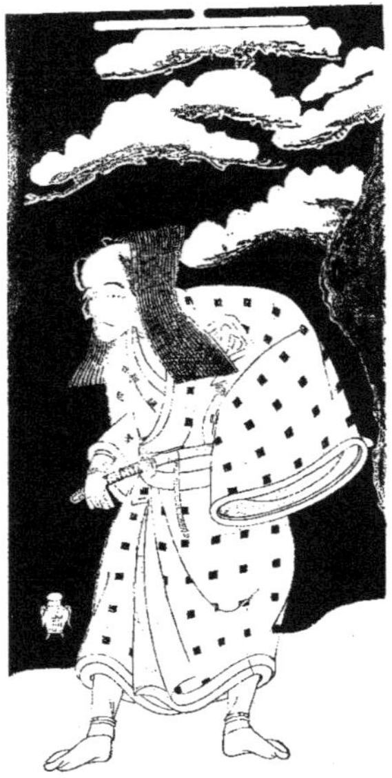

495

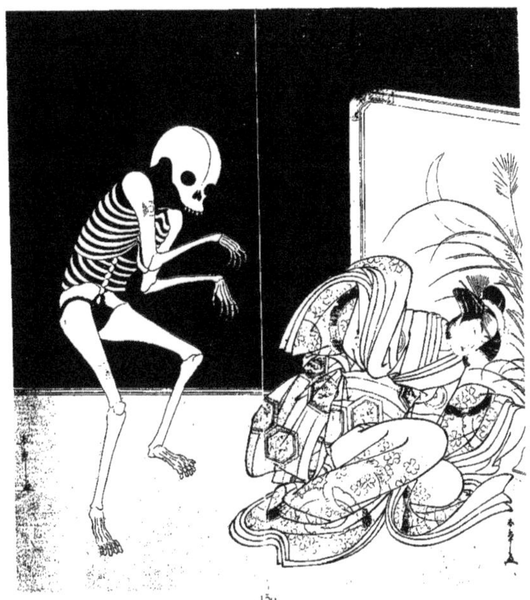

450

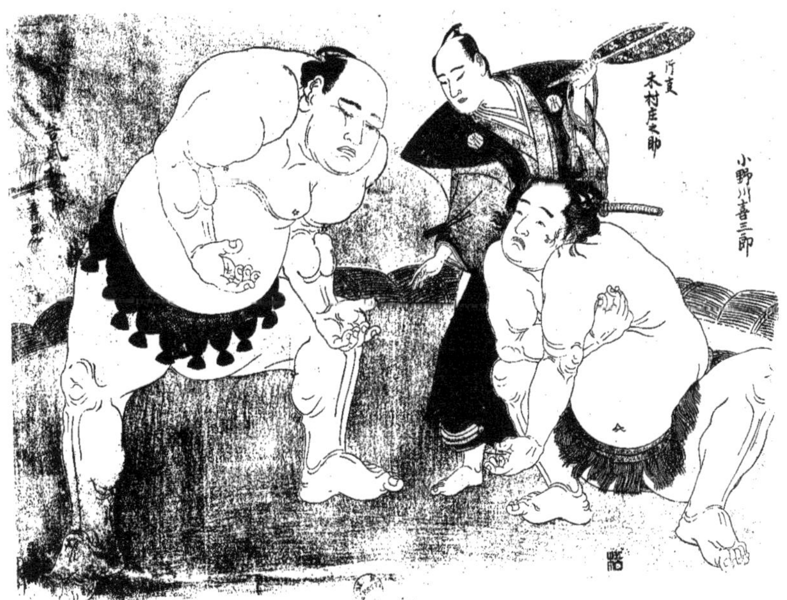

517

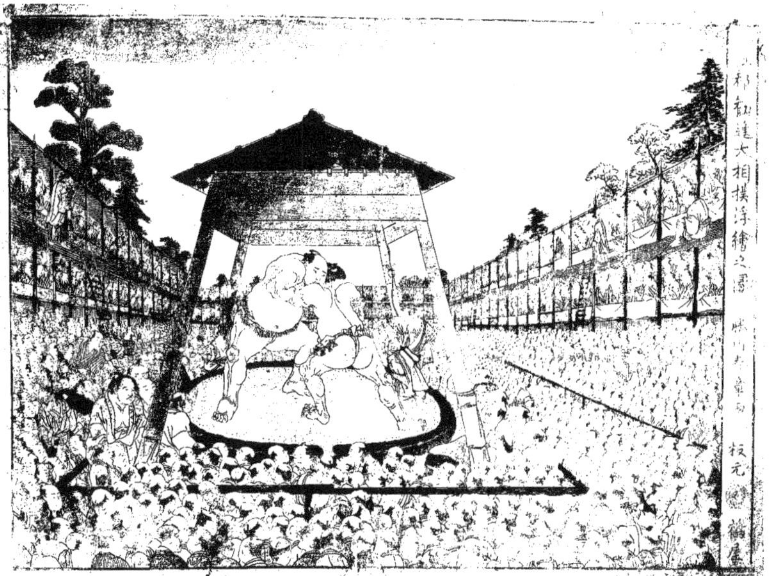
江都勧進大相撲浮繪之圖
板元
鶴屋

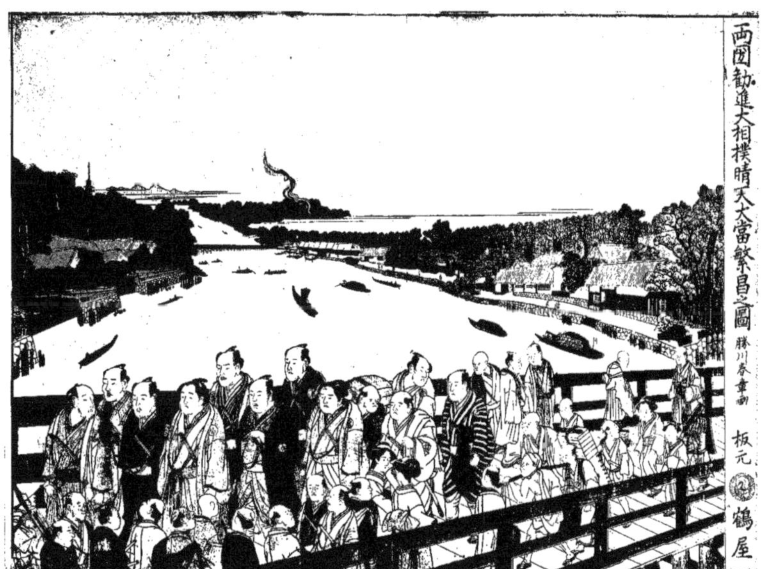
両国勧進大相撲晴天大當繁昌之圖
勝川春章画
板元
鶴屋

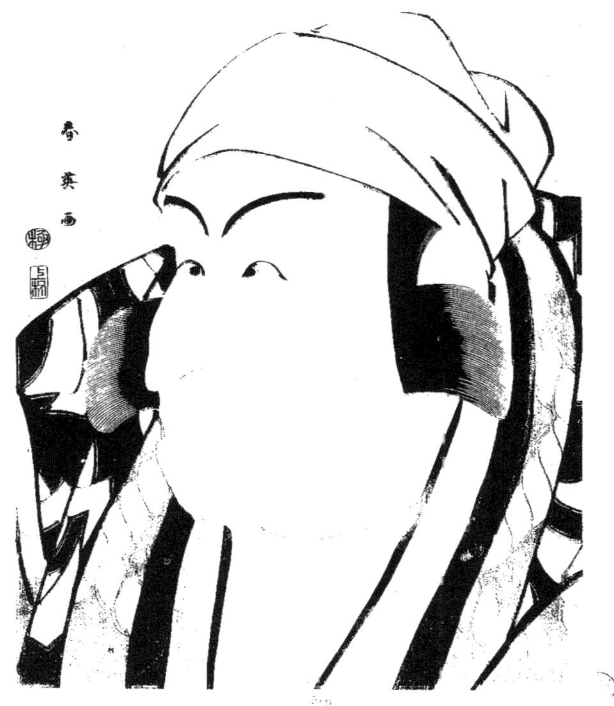

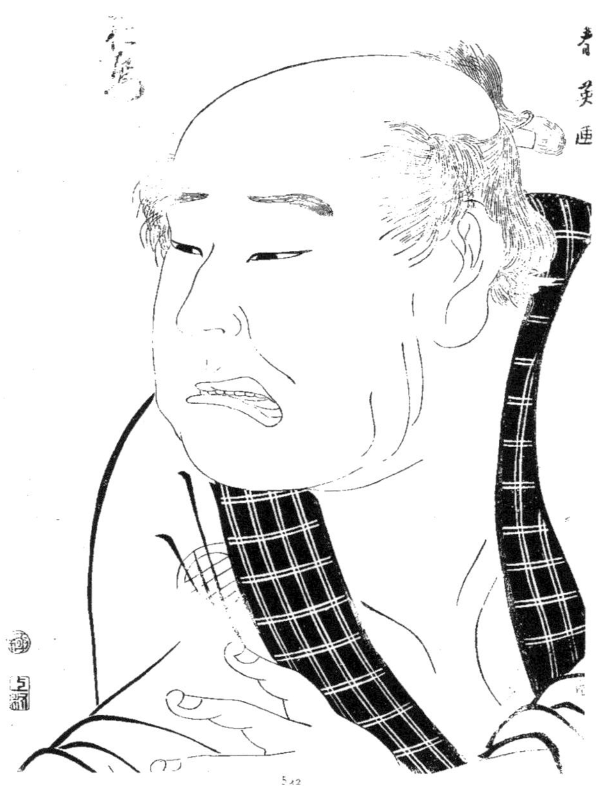

PL. LVIII

PL. LIX

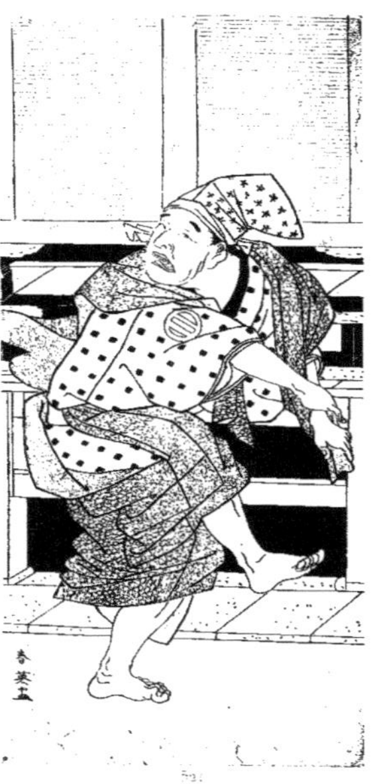

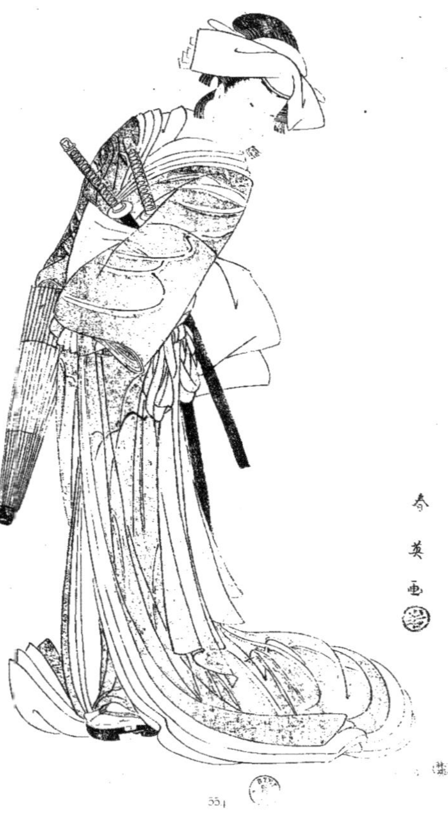

531

520

PL. LIX

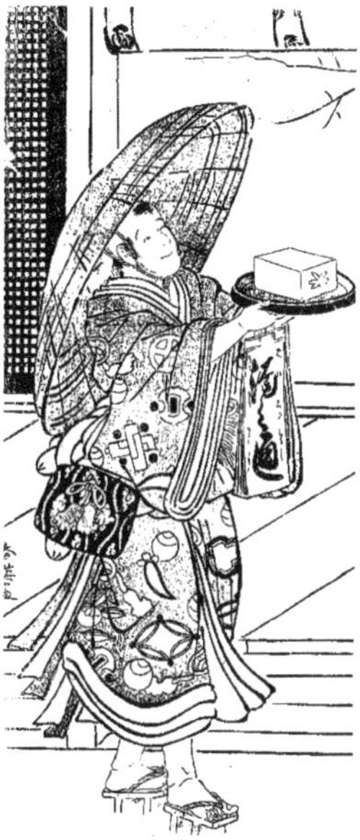

541

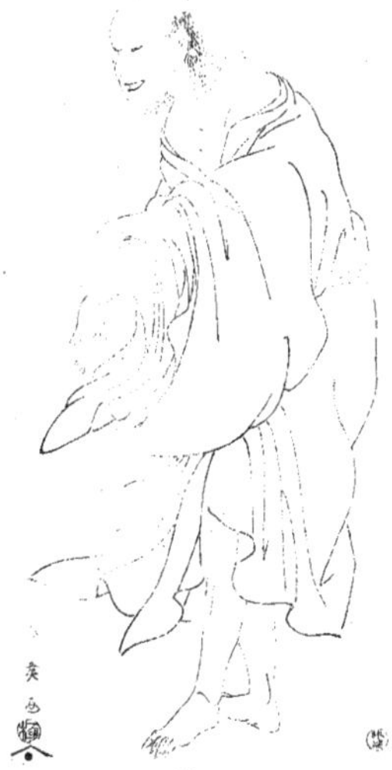

537

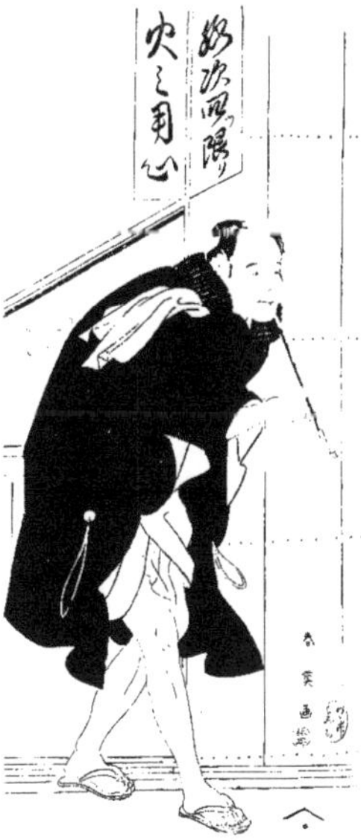

540

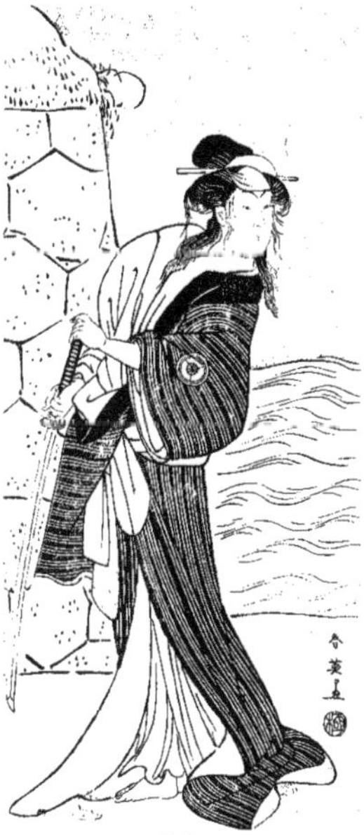

525

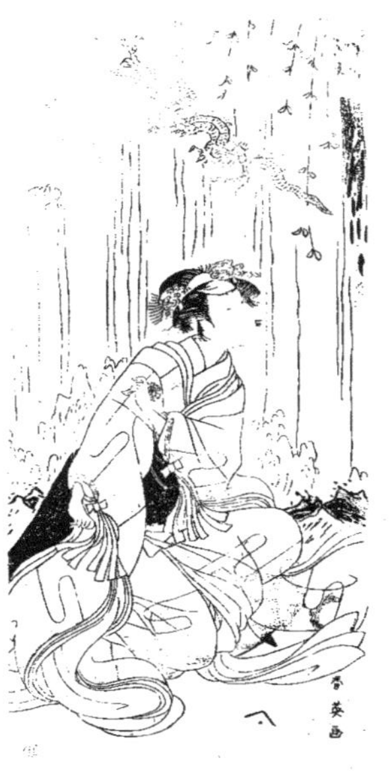

546

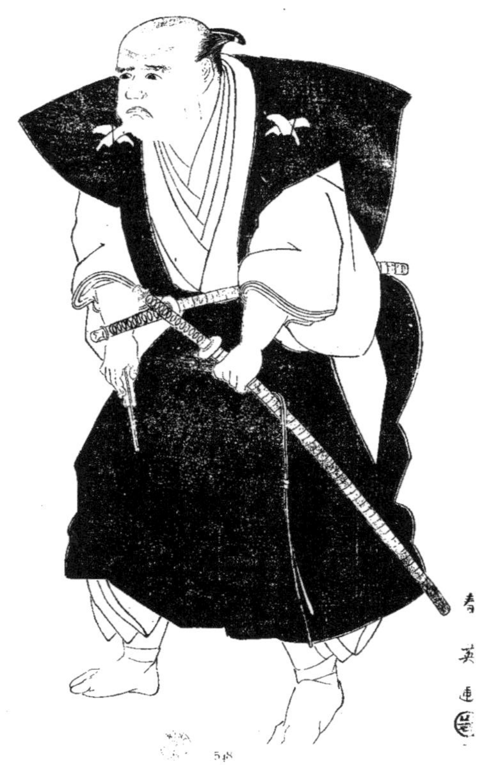

548

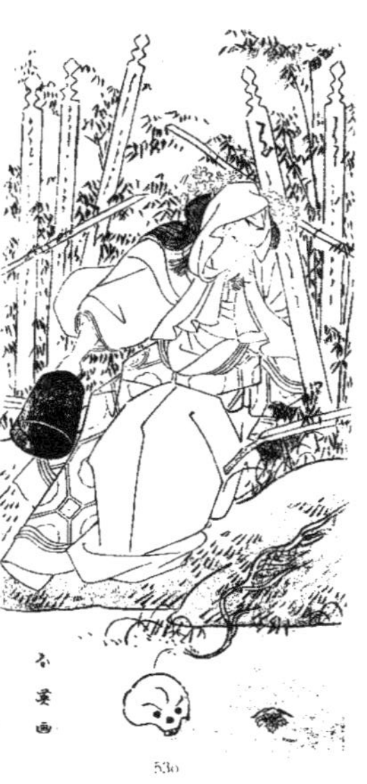

530

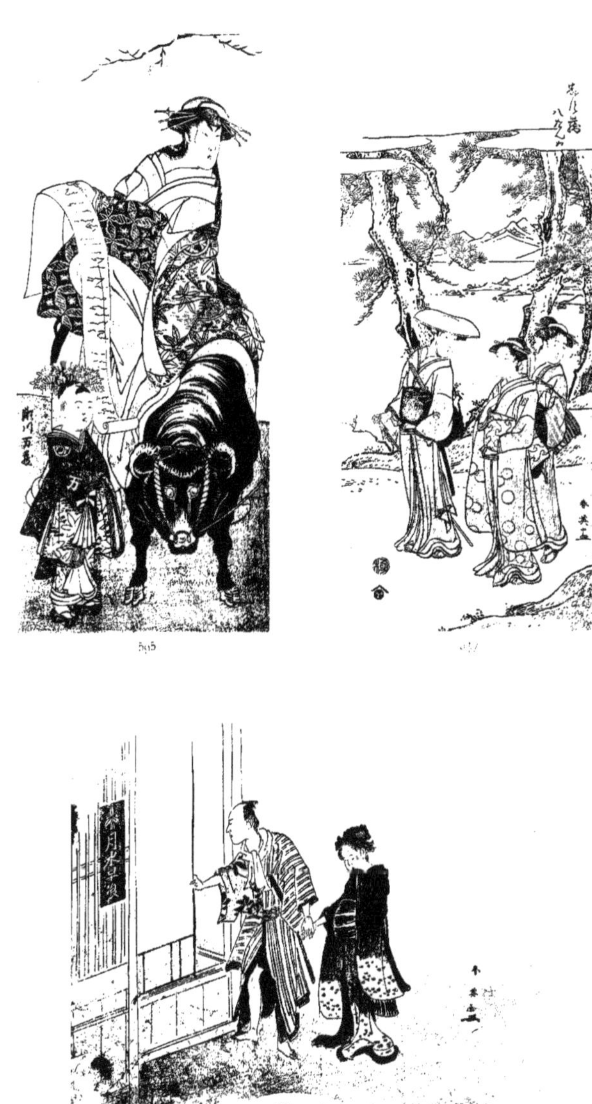

595

597

596

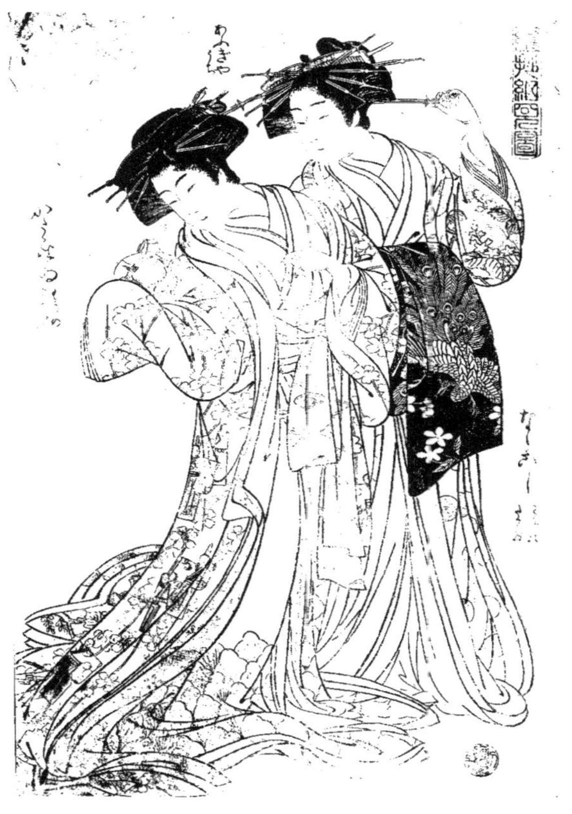

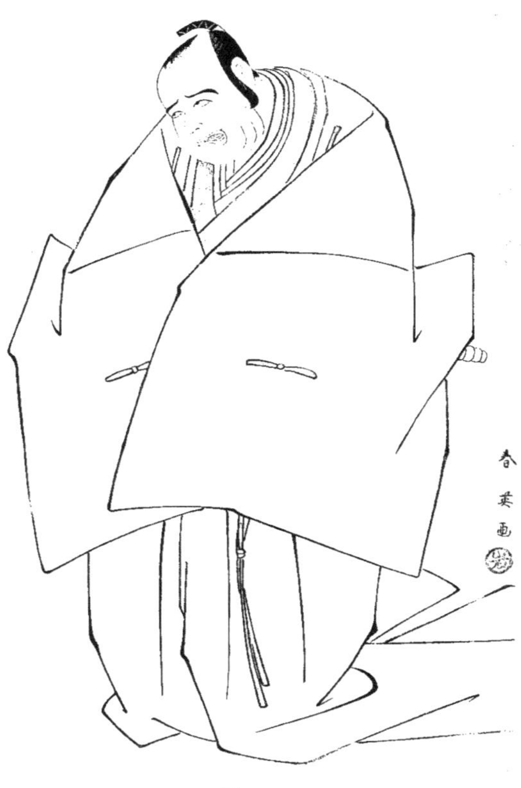

PL. LXIII

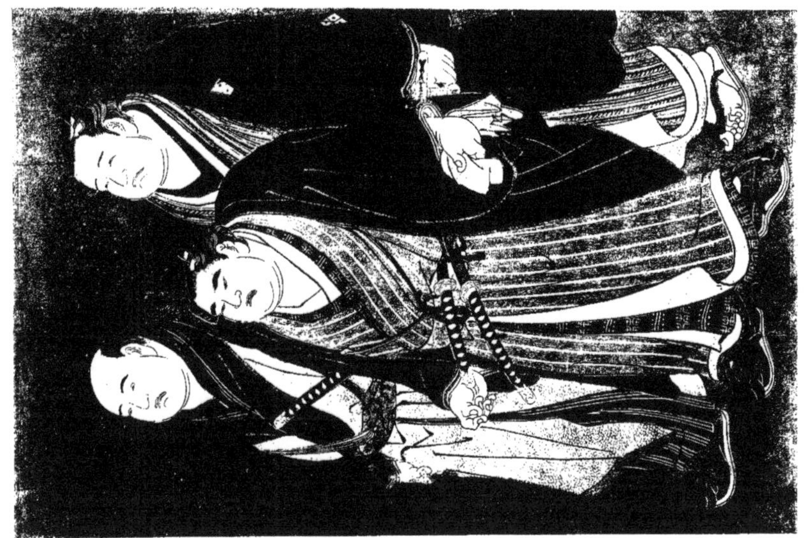

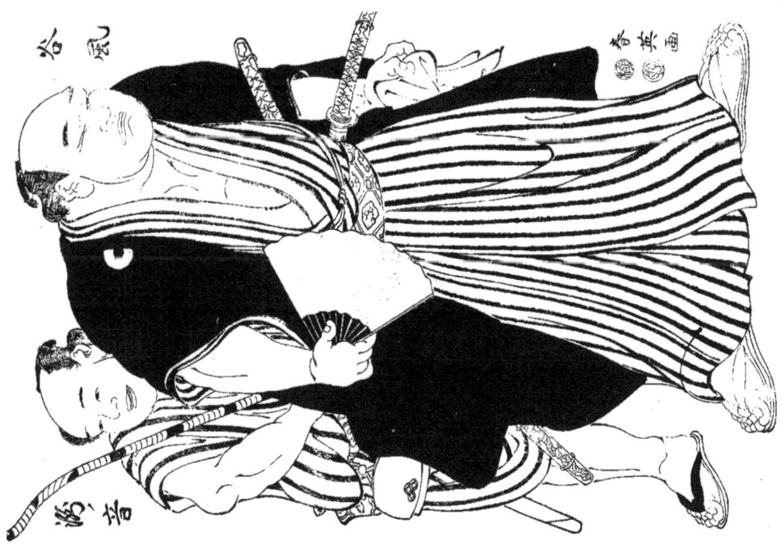

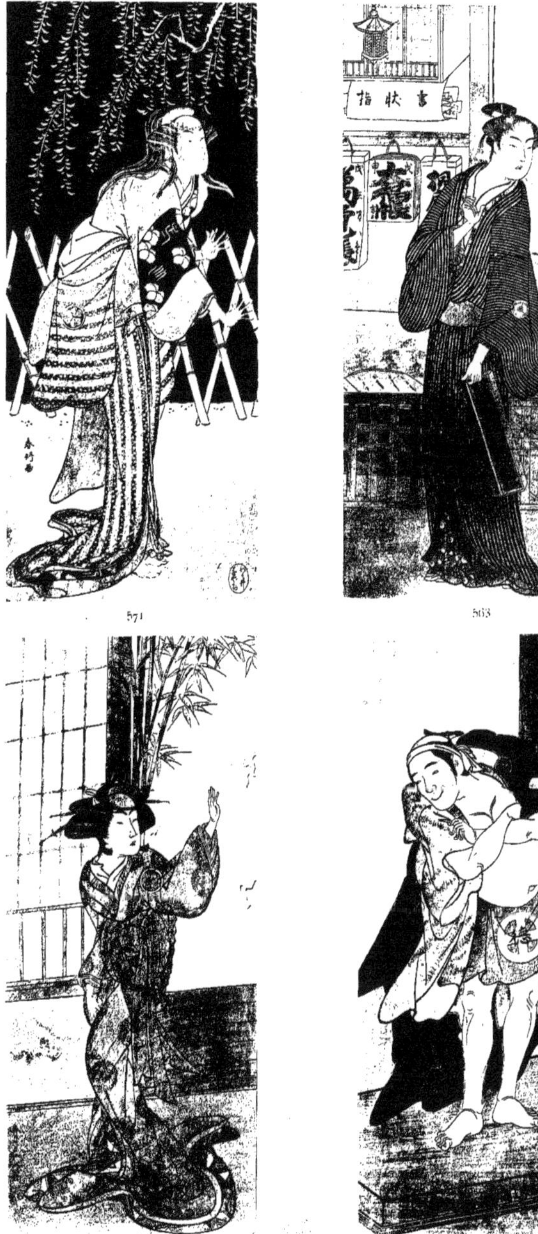

571

563

574

575

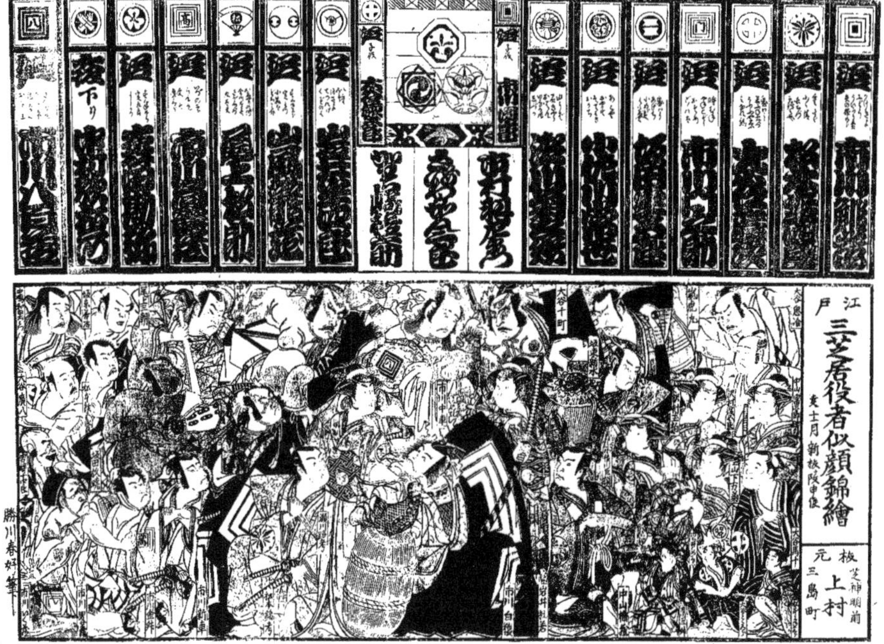

578

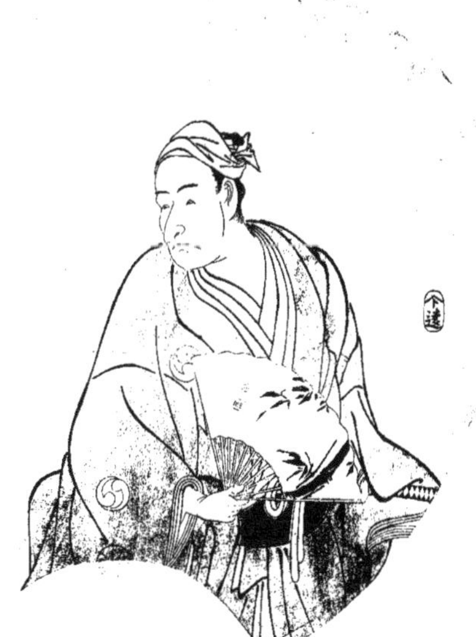

602

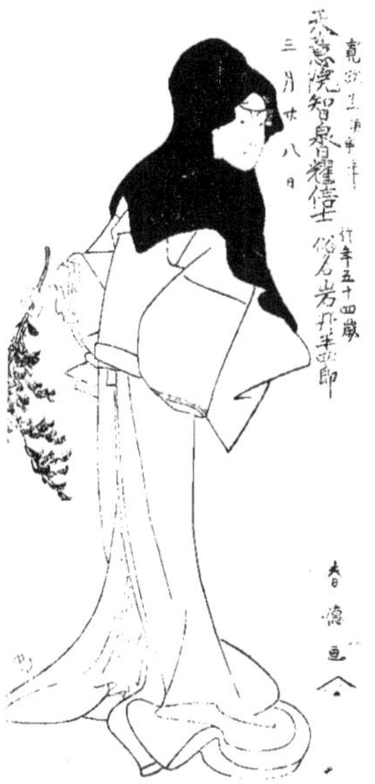

592

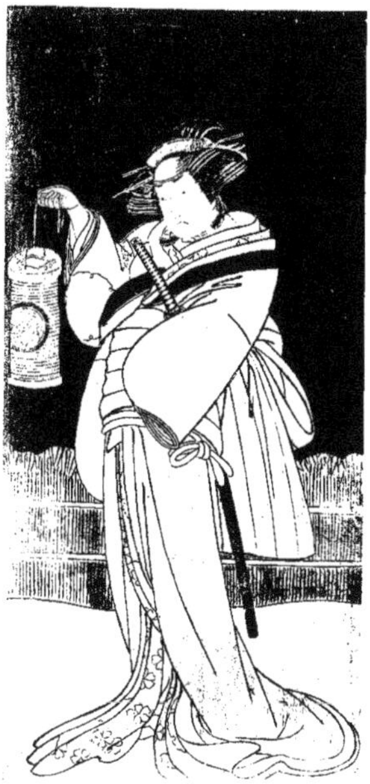

597

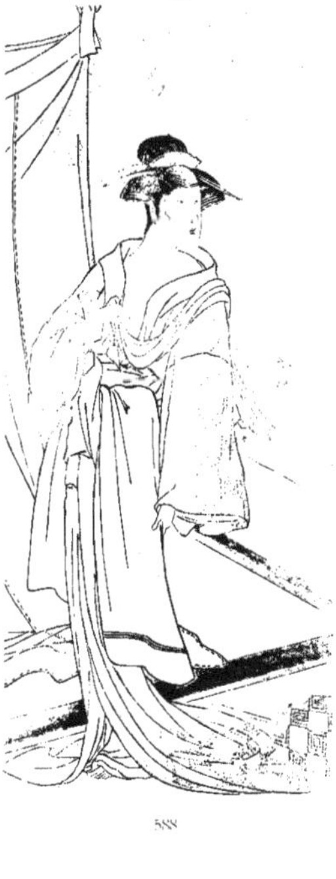

588

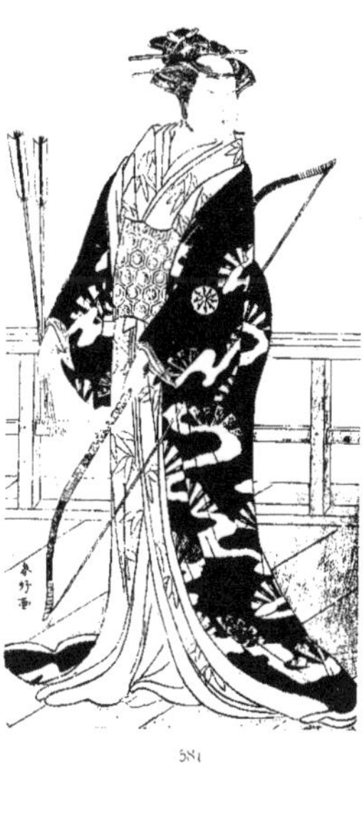

581

www.ingramcontent.com/pod-product-compliance
Ingram Content Group UK Ltd.
Pitfield, Milton Keynes, MK11 3LW, UK
UKHW020247180726
13839UKWH00001B/232

9 782329 412719